Gerald Lind / Doris Pany (Hrsg.)
Ambivalenzraum Universität

Relationen – Essays zur Gegenwart 4
hrsg. von David Jünger, Jessica Nitsche und Sebastian Voigt

Gerald Lind / Doris Pany
(Hrsg.)

Ambivalenzraum Universität

Neofelis Verlag

Bibliografische Information der Deutschen Nationalbibliothek
Die Deutsche Nationalbibliothek verzeichnet diese Publikation in der Deutschen Nationalbibliografie; detaillierte bibliografische Daten sind im Internet über http://dnb.d-nb.de abrufbar.

Umschlaggestaltung: Marija Skara
Lektorat & Satz: Neofelis Verlag (fs)
Druck: PRESSEL Digitaler Produktionsdruck, Remshalden
Gedruckt auf FSC-zertifiziertem Papier.
ISBN (Print): 978-3-95808-042-3
ISBN (PDF): 978-3-95808-105-5

Inhalt

Vorwort

Die Universität: Sie ist ein besonderer Denk- und Möglichkeitsraum, ein Raum mit großen Potenzialen und Freiheiten für die Menschen, die das Glück haben, an der Universität lehren, lesen, schreiben, denken und forschen zu können, wie auch für die Studierenden, deren Ausbildungsstätte sie ist, und für die breite Öffentlichkeit, für die sie sich mit ihren Veranstaltungen mitunter öffnet. Warum also ist die Universität ein Ambivalenzraum? Sie schöpft ihre Potenziale gegenwärtig nicht aus – was sie sein könnte, ist sie nicht. Und ihre Zukunft, den wissenschaftlichen Nachwuchs, schlägt sie durch unverhältnismäßig prekäre Arbeitsbedingungen in die Flucht. Daran wird sich bei Erscheinen des vorliegenden Bandes voraussichtlich wenig geändert haben, auch wenn inzwischen einiges politisch in Bewegung geraten und ins Bewusstsein der Öffentlichkeit vorgedrungen zu sein scheint. Problembehaftet ist die Situation weniger für diejenigen, die eine sogenannte ‚ordentliche Professur' an einer deutschen Universität inne haben, als für diejenigen Wissenschaftler_innen, die zukünftig mit einer ihrer akademischen Ausbildung gemäßen Tätigkeit ihren Lebensunterhalt an einer deutschen Hochschule verdienen wollen. Ihnen attestiert Ulrike Baureithel in ihrem Artikel „Im Korridor Vacui": „Wer heute eine akademische Karriere anstrebt, ist entweder todesmutig oder verrückt" (*Der Freitag*, 28.07.2014). Todesmut und Verrücktheit mögen als märtyrerhafte Eigenschaften gelten und auch großartige Wissenschaftler_innen hervorgebracht haben, sind jedoch für eine planbare und zufriedenstellende Lebensführung und Perspektive wenig zielführend. Nichtsdestotrotz ist Baureithels Diagnose alles andere als aus der Luft gegriffen oder übertrieben. Die Situation, in der sich der sogenannte ‚wissenschaftliche Nachwuchs' in Deutschland befindet, ist in hohem Maße prekär. Verträge im Mittelbau sind von einem Monat bis hin zu fünf Jahren befristet, die Anforderung an die persönliche Flexibilität hoch, (sichere) Perspektiven nicht vorhanden, Familienplanung und -gründung ein abenteuerliches Kunststück (denn befristete Verträge befristen bekanntlich die Planbarkeit des eigenen Lebens). Und last but not least ist die Chance, ‚Nachwuchswissenschaftler_in auf Lebenszeit' zu bleiben, wesentlich höher als die, auf eine sogenannte ‚Lebenszeitprofessur' berufen zu werden. Doch das Wissenschaftszeitvertragsgesetz (WissZeitVG) sorgt dafür, dass auch dies nicht möglich ist. Denn § 2 des Gesetzes sieht vor: „Nach abgeschlossener Promotion ist eine Befristung bis zu einer Dauer von sechs Jahren, im Bereich der Medizin bis zu einer Dauer von neun Jahren zulässig." Ist diese Zeit ausgeschöpft, bestehen in Deutschland jenseits der Professur nur sehr wenige – für die Mehrheit sogar keine – Perspektiven innerhalb des Systems Universität. Das heißt: Es wird gesetzlich dafür gesorgt, dass hochqualifizierte Wissenschaftler_innen zwangsweise aus dem System ausscheiden, für das sie ausgebildet wurden und in dem sie viele Jahre tätig waren.

In einem Ranking über Arbeitnehmer_innenfreundlichkeit dürften deutsche Universitäten folglich miserabel abschneiden. Dem Anspruch, Kettenverträge zu vermeiden und einen Mindestlohn zu zahlen, werden sie mitunter nicht gerecht. So werden die befristeten Verträge für Nachwuchswissenschaftler_innen beispielsweise damit gerechtfertigt, dass es sich um Qualifikationsstellen handelt. Oft erhalten sie viele dieser Verträge in Folge. Nicht immer ermöglicht eine ‚Qualifikationsstelle' tatsächlich die Weiterqualifikation, weil das Arbeitspensum damit nicht zu vereinbaren ist. Dazu ein Beispiel: Das Stellenformat mit dem vielversprechenden Titel ‚Lehrkraft für besondere Aufgaben' oder ‚Hochdeputatstelle' impliziert nicht etwa ‚besonders anspruchsvolle Aufgaben' und auch kein höheres Gehalt, sondern lediglich eines: ein erhöhtes Lehrdeputat (das über das einer Professur oft weit hinausgeht), entsprechend auch mehr Prüfungen und

Korrekturen. Diese ‚Qualifikationsstelle' müsste – schaut man der Tatsache ins Auge, dass sie de facto keine Weiterqualifikation ermöglicht – unbefristet sein. Ist sie aber (meistens) nicht. Ein weiteres Beispiel: Ein Lehrauftrag beinhaltet in der Regel das Angebot einer 90minütige Lehrveranstaltung pro Woche und wird mit einem Stundenlohn für eben diese Zeit vergütet. Die eigentliche Arbeit der/des Lehrenden umfasst darüber hinaus jedoch die Vor- und Nachbereitung, die Beratung von Studierenden wie auch die oft langwierigen Korrekturen schriftlicher Arbeiten und Durchführung weiterer Prüfungen. Im besten Fall werden die Fahrtkosten erstattet. Rechnet man das Honorar für einen Lehrauftrag auf die *tatsächlich* geleistete Arbeit um, ist der Mindestlohn keinesfalls immer gewährleistet. Lehrbeauftragte arbeiten auf Honorarbasis, so dass kein Versicherungsschutz besteht und Arbeitsausfall Lohnausfall bedeutet. Personen, die durch ihre Habilitation den höchsten akademischen Grad erreicht haben, jedoch (noch) keine Professur inne haben, sind in Deutschland verpflichtet zu unterrichten, um ihre ‚Erlaubnis zu lehren' (venia legendi) nicht zu verlieren. Dass sie für diese Lehre überhaupt ein Honorar erhalten, kann mal passieren, ist jedoch keineswegs selbstverständlich. Der Journalist Manuel J. Hartung spricht in seinem Artikel „Lehre ohne Lohn" dramatisch und doch zutreffend vom „Proletariat der Denker" und „Heerscharen, die akademische Zwangsarbeit leisten" (*DIE ZEIT*, 24.07.2003). Sein Artikel ist erstaunlicherweise bereits über 10 Jahre alt, hätte aber auch in der letzten Woche in der Zeitung stehen können, denn geändert hat sich an diesem Missstand seither nichts – im Gegenteil, inzwischen sind auch Professuren mit Befristung keine Seltenheit mehr.

Richtig gut sind deutsche Universitäten hingegen in der Prädikatvergabe, sieht man doch immer häufiger das vielversprechende Logo: ‚Familienfreundliche Hochschule'. Unter Kenntnisnahme der Faktenlage klingt diese Bezeichnung ungefähr so wie ‚barrierefreie Strickleiter'. Die beschworene Familienfreundlichkeit ist eine Worthülse. Betreuungsangebote für Kinder, Uni-Kitas, Hochstühle in der Mensa etc. dürfen sich zwar durchaus ‚familienfreundlich' nennen, täuschen aber über die eigentlichen strukturellen Probleme hinweg. Denn familien*feindlich* ist an den Universitäten insbesondere eins: Sie halten ihre Mitarbeiter_innen in prekären Arbeitsverhältnissen, bis zumindest die Frauen ein Alter erreicht haben, in dem die Entscheidung für oder gegen eigene Kinder getroffen werden muss. Denjenigen Frauen, die sich schon während des Studiums für Kinder entscheiden, ist aufgrund eingeschränkter Flexibilität auch nicht immer geholfen. Solange sich dies nicht ändert, ist *keine* Hochschule familienfreundlich. Noch immer sind es vielfach die Frauen, die ihre Karriereziele zugunsten des Familienlebens zurückstellen. Daher trifft sie die fehlende Familienfreundlichkeit einer akademischen Karriere oft härter. Leider ändert daran die Anwesenheit von Gleichstellungsbeauftragten in Bewerbungsgesprächen meistens ebenso wenig wie die formal einzuhaltende Vorgabe für Ausschreibungen: „Die Universität […] strebt eine Erhöhung des Anteils von Wissenschaftlerinnen an und fordert deshalb qualifizierte Frauen auf, sich zu bewerben". Die neuerdings vielerorts eingerichteten Mentoringprogramme für Frauen, die Netzwerke, Coachings- und ein vielfältiges Weiterbildungsangebot bieten, sind in jeder Hinsicht gutzuheißen. Und dennoch sind sie zugleich Uni-Kosmetik, die die Kernprobleme nicht berührt (sondern möglicherweise – im Sinne des Labels ‚frauen- und familienfreundlichen Hochschule' – zu beschönigen hilft).

Die Frage, was auf der Basis dessen, was hier nur angedeutet werden konnte, Nachwuchswissenschaftler_innen an deutschen Hochschulen hält, ist schwer zu beantworten – ist es der besagte ‚Todesmut', Naivität, Verrücktheit, Selbstüberschätzung, falsche Bescheidenheit oder grenzenloser Idealismus? Was sollte man ihnen raten? Ihre noch übrige Energie und Flexibilität zusammennehmen und das ‚sinkende Schiff' zu verlassen? Oder, sich in besser strukturierte Universitätssysteme ins Ausland zu begeben? Oder, nach dem Motto, ‚nur wer das Unmögliche versucht, kann das Mögliche erreichen', weiterzumachen? – Auf diese Fragen kann das vorliegende

Buch selbstverständlich keine Antworten geben, doch stellt es aus ganz unterschiedlichen Perspektiven vor, wie sich die aktuelle Situation der Universitäten und der in ihnen arbeitenden Menschen gestaltet – real wie auch fiktional, theorie- wie auch erfahrungsgeleitet. Das Konzept des Sammelbandes ist, den *Ambivalenzraum* der Universität auf Folie des Oppositionspaares *Freiheit und Herrschaft* auszuloten. Während das Vorwort ein besonderes Augenmerk auf die negativen Seiten des Ambivalenzraums richtet, geht es in dem vorliegenden Band um vielgestaltigere Perspektiven. Es geht weniger darum, ein Klagelied anzustimmen als eine Bestandsaufnahme vorzulegen und zugleich positiv anzudeuten, was Universität *auch* ist und sein könnte.
Mit diesem aktuell viel- und noch lange nicht zu Ende gedachten und diskutierten Thema fügt sich der Band optimal in die Reihe *Relationen. Essays zur Gegenwart* ein. Das verbindende Element der Reihe ist bei aller thematischen Breite immer der politische Gegenwartsbezug.

David Jünger, Jessica Nitsche und Sebastian Voigt
Washington, D. C. / Düsseldorf / München, Dezember 2015

P. S.: Unseren Kolleg_innen wünschen wir weiterhin genug Verrücktheit und Mut für ihren wissenschaftlichen Werdegang.

Ambivalenzraum Universität

Gerald Lind / Doris Pany

> The high ideals of the university as an institution – the pursuit of knowledge and truth – are set against the actual behaviour and motivations of the people who work in them, who are only human and subject to the same ignoble desires and selfish ambitions as anybody else. The contrast is perhaps more ironic, more marked, than it would be in any other professional milieu.
>
> (David Lodge)

WissenschaftlerInnen suggerieren oft, dass exzellente Wissenschaft einzig von ausreichender Finanzierung durch den Staat oder sonstige Drittmittelgeber abhängt. Was dabei aber eigentlich unter ‚exzellenter Wissenschaft' verstanden wird, scheint keiner weiteren Erklärung zu bedürfen. Genauso scheint es nicht opportun zu sein, die implizit gemachte Verschränkung von ‚wissenschaftlicher Exzellenz' und finanziellen Mitteln zu hinterfragen.[1] Um hier keinen falschen Eindruck zu vermitteln: Die allgegenwärtige Klage über mangelnde Mittel für den tertiären Bildungssektor ist berechtigt. Gerade wenn sie

1 Vgl. für eine zeitlich, räumlich und disziplinenübergreifende Tiefenanalyse des Exzellenz-Diskurses, Tobias Peter: *Genealogie der Exzellenz*. Weinheim / Basel: Beltz Juventa 2014. Peter legt in seinem Buch eine Diskurslinie frei, die vom Sputnik-Schock in den USA nach der Lancierung des ersten sowjetischen Weltraum-Satelliten über eine Revolutionierung der Managementkultur in den 1980ern in Richtung von Profilbildung und Flexibilität bis hin zu einer Simulation von marktwirtschaftlichen Verhältnissen und einer Betonung des Wettbewerbs zwischen und innerhalb sich als Unternehmen gerierenden Universitäten führt.

über partikulare Forschungsinteressen hinausgeht und mit einer Kritik an der Ökonomisierung und Quantifizierung aller Wissenschaftsbereiche verbunden wird. Jedoch wäre es fatal, Wissenschaft und Universität allein aus einer marktwirtschaftlichen Perspektive zu denken. Der Ambivalenzraum Universität ist nicht nur aufgespannt zwischen finanziertem und nicht-finanziertem Forschen. Eine rein ökonomisch motivierte Kritik führt zur Bildung falscher Allianzen, die eine substantiellere In-den-Blick-Nahme der akademischen Institutionen und Praktiken des Wissenschaftsbetriebs erschweren. Gerade aber um Zugriff auf die inhärenten Logiken und impliziten Einschreibungen von Abhängigkeit und Kontrolle ins Wissenschaftssystem zu erlangen, ist eine das neoliberale Masternarrativ unterlaufende Auseinandersetzung mit Wissenschaft und Universität vonnöten. Als Folie dieser Auseinandersetzung schlagen wir das Oppositionspaar ‚Freiheit/Herrschaft' vor. Wir denken, dass von diesem heuristischen Konzept aus jenes Gefühl der Ambivalenz ausgelotet werden kann, aus dem heraus wir und viele andere Universität erfahren.[2]

2 In gewisser Weise knüpfen wir mit unserer Herrschaftskritik an einen Diskurs an, der bereits in den 1960er Jahren von der gesellschaftskritischen, fortschritts-/rationalismusskeptischen Frankfurter Schule/Kritischen Theorie und den partizipatorisch und anti-hierarchisch orientierten Studierendenbewegungen geführt wurde, seitdem aber deutlich an Wirkmacht verloren hat. Der Fokus auf den Erhalt von Finanzierung hat dazu geführt, dass nicht mehr Studierende gegen inneruniversitäre Hierarchien auftreten, sondern Studierende und Lehrende gemeinsam für mehr Geld für die Universitäten demonstrieren. Allerdings sollte hier darauf hingewiesen werden, dass die meisten DiskursinitiatorInnen der neuen anti-kapitalistischen Bewegungen/Denkweisen wie Harald Welzer, Ernesto Laclau, Chantal Mouffe, Mark Fisher, David Harvey, Niko Paech und die von der Universidad Complutense de Madrid ausgegangene Podemos-Bewegung in Spanien im universitären Milieu verwurzelt sind und somit Universität und Wissenschaft immer noch Ausgangspunkt gesellschaftsverändernder Impulse ist. Dabei wird durchaus auf das Wissenschafts- und Hochschulsystem eingegangen, zum Teil kursorisch (vgl. dafür zum Beispiel Harald Welzer: *Selbst denken. Eine Anleitung zum Widerstand.* Frankfurt am Main: Fischer 2015, S. 70–71), aber zum Teil auch als wesentliches Element der Analyse (vgl. Mark Fisher: *Capitalist Realism. Is There No Alternative?* Winchester / Washington: 0 Books 2009).

Für nicht nur pragmatisch denkende Studierende ist an Universität und Wissenschaft anfangs ein – oft nur erahntes/erhofftes – Freiheitsversprechen anziehend.[3] Die Möglichkeit, unbeschränkten Zugang zu Wissen zu erlangen und sich intellektuell weiterzuentwickeln, erscheint verheißungsvoll. Die akademischen Inszenierungen tragen dazu bei, die Arbeit der Vermittlung, Produktion und Generierung von wissenschaftlichem Wissen mit hohem symbolischen Kapital zu versehen und den Wissenschaftsberuf zu sakralisieren. Universität erscheint so als ein erstrebenswerter Lebensort, an dem intellektuelle Freiheit mit hoher gesellschaftlicher Anerkennung korreliert.[4] Dabei wird von engagierten Studierenden Wissenschaft oft auch als ein Gegenmodell zu gängigen Komplexitätsreduktionen verstanden. Die aktive Anwendung wissenschaftlich generierten Wissens ermöglicht eine differenziertere Auseinandersetzung mit gesellschaftlichen Diskursen und vergrößert praktische/politische Handlungsspielräume. Ein politisch verstandener wissenschaftlicher Aktivismus kann auch zur Veränderung der Wahrnehmung subalterner und marginalisierter Gruppen beitragen.[5] Gerade

3 Es gilt hier zu bedenken, dass die Studienwahl oft aber nicht aus Idealismus, sondern vielmehr aus statusrelevanten, familiär und/oder sozial geprägten Karriereplänen heraus getroffen wird. Das gilt insbesondere für statusaffine Fächer wie Medizin oder Rechtswissenschaften. So schreibt Bourdieu, dass „die zu drei Vierteln aus dem Bürgertum stammenden Juraprofessoren häufiger als ihre Kollegen aus Geistes- und Naturwissenschaften neben Autoritätsfunktionen in der Universität auch noch Machtstellungen in Politik und Wirtschaft ein[nehmen].“ (Pierre Bourdieu: *Homo academicus*, aus d. Frz. v. Bernd Schwibs. Frankfurt am Main: Suhrkamp 1992, S. 104.)

4 Und eben nicht als akademisches Heterotop, das heißt als einem Bahnhof, Motel oder Flughafen ähnlicher Nicht-Ort mit zeitlich beschränkter Verweildauer, das Universität für die allermeisten Studierenden und auch viele Forschende und Lehrende eigentlich ist. Vgl. für den Begriff des Heterotops den Aufsatz von Michel Foucault: Von anderen Räumen. In: Jörg Dünne / Stephan Günzel (Hrsg.): *Raumtheorie. Grundlagentexte aus Philosophie und Kulturwissenschaften.* Frankfurt am Main: Suhrkamp 2006, S. 317–327.

5 Wissenschaftliche Neuperspektivierungen wie Postcolonial Studies, Gender/Feminist/Men's Studies, Disability Studies etc. reflektieren nicht nur aktuelle gesellschaftliche Diskurse, sondern prägen diese aktiv mit. Als

auch an Universitäten verortete Wissenschaft bietet Räume für forschungsethische Diskurse und einen sozial verantwortungsvollen Umgang mit technologischen Innovationen.[6] Die nicht direkt mit den Inhalten wissenschaftlicher Arbeit verbundenen Vorteile einer wissenschaftlichen Ausbildung und Anstellung – vergleichsweise gute Bezahlung, flexible Zeiteinteilung – kommen, zumindest in der Erwartungshaltung von NachwuchswissenschaftlerInnen, zur als selbstverständlich gedachten ‚Freiheit von Forschung und Lehre' hinzu.
Die idealtypischen Vorstellungen von Wissenschaft und Universität verschleiern aber die von Herrschaftsansprüchen und -strategien bestimmten Strukturen universitär organisierter Wissenschaft wie auch die unmittelbar auf die Forschung wirkenden Machtpraktiken innerhalb des Wissenschaftsbetriebs. Universitäten sind besonders stark hierarchisch organisierte Räume, die von einer schmalen ProfessorInnen- und Verwaltungselite bestimmt werden. Die mit 1968 einsetzende Demokratisierung (‚Gremienuniversität') hat diesen Befund kaum verändert. Sowohl auf einer epistemologischen als auch auf einer akademische Karrieren betreffenden Ebene sind langjährige Autoritätsabhängigkeiten systemimmanent. Unorthodoxe, nicht-etablierte Forschungszugänge werden vom akademischen Establishment nicht selten als existenzbedrohlich erfahren und folglich gehemmt oder verhindert. WissenschaftlerInnen, die nicht bereit sind, sich anzupassen, haben mit Sanktionen bis hin zur Exklusion aus der Scientific Community zu rechnen. Forschung innerhalb des Kanons

global rezipierte Intellektuelle wirken WissenschaftlerInnen wie Slavoj Žižek, Noam Chomsky oder Judith Butler weit über die fachlichen und universitären Grenzen hinaus auf gesellschaftliche Debatten ein.

6 Vgl. zu den Gefahren einer rein auf technologische Rationalitäten ausgerichteten, sich stets in den Dienst der Herrschenden stellenden Wissenschaft und zur Forderung nach einer Wissenschaft, die universalistisches Orientierungswissen stets mitbeinhaltet, Jürgen Mittelstraß: Wissenschaft als Lebensform. In: Ders.: *Wissenschaft als Lebensform. Reden über philosophische Orientierungen in Wissenschaft und Universität.* Frankfurt am Main: Suhrkamp 1982, S. 11–36.

und risikolose Qualifikationsarbeiten werden hingegen häufig durch institutionelle Zuwendung und Gewährung institutioneller Macht belohnt.[7] Eine solche Unterwerfung unter bestehende Deutungs- und Erkenntnishegemonien (wissenschaftliche Homophilie)[8] geht in der Regel einher mit sozialer Homophilie, das heißt der Förderung von WissenschaftlerInnen, die als ähnlich (soziales Milieu, Geschlecht, Ethnie etc.) gesehen werden.

***

Unsere hier skizzierte und dem vorliegenden Essayband zugrundeliegende Reflexion von Wissenschaft und Universität ist theorie- wie erfahrungsgeleitet. Die Erfahrungsebene betrifft das von allen wissenschaftlich Sozialisierten potentiell erworbene (implizite) Wissen zu überfachlich anwendbarer Wissenschaftstheorie, zu den Regeln des Wissenschaftsbetriebs und zu den Funktionsweisen der Institution Universität.[9] Beide Ebenen, Wissenschaftstheorie wie Wissenschaftspraxis, sind mit unseren Biographien verbunden. Pierre Bourdieu schreibt in *Homo academicus*: „Der Schreibende selbst nimmt im beschriebenen Raum eine bestimmte Position ein – das weiß er, er weiß auch, daß der Leser das weiß."[10] Oder, in

7 Qualifikationsarbeiten sind die alles dominierende wissenschaftliche Textform. Folgt man Armen Avanessian, haben deutsche ProfessorInnen sogar überhaupt „niemals Bücher geschrieben […]. Produziert wurden und werden stattdessen – ergänzt um Einführungen und Reader zur Sicherung der Diskurshoheit – Qualifikationsschriften." (Armen Avanessian: *Überschrift. Ethik des Wissens – Poetik der Existenz*. Berlin: Merve 2015, S. 225.)

8 Siehe für eine Analyse der Strategien des Umgangs (‚modes of coping') – die auch als verschieden ausgeprägte Anpassungsleistungen lesbar sind – von ForscherInnen in Laborgruppen mit wissenschaftstypischen Unsicherheitserfahrungen die Arbeit von Lisa Sigl: *Embodied Anxiety. On Experiences of Living, Working and Coping with Conditions of Precarity in Research Cultures of the Academic Life Sciences.* Dissertation, Universität Wien, 2012.

9 Vgl. für eine Untersuchung impliziten Wissens im Wissenschaftsbetrieb Tomas Gerholm: On Tacit Knowledge in Academia. In: *European Journal of Education* 25,3 (1990), S. 263–271.

10 Bourdieu: *Homo academicus*, S. 65.

einer Paraphrasierung von Michel Foucault gesprochen: Es kümmert, wer spricht. Gerade, wenn diejenigen, die sprechen, auch Teil dessen sind, worüber sie sprechen. Deshalb soll hier kurz festgehalten werden: Unsere wissenschaftliche Prägung ist kultur-/literaturwissenschaftlich, wir waren als Studierende, Forschende und Lehrende an verschiedenen Hochschulen und Universitäten in Österreich, Deutschland, Italien und Schottland tätig. Derzeit finanziert durch Anstellungen im Bereich der Wissenschaftsberatung an der Karl-Franzens-Universität Graz unterliegen wir keinen wissenschaftlichen Qualifikationszwängen oder karrierebezogenen Abhängigkeiten. Institutionell betrachtet stehen wir mit einem Bein im und mit einem Bein außerhalb des Systems. Diese berufliche Verortung versuchen wir als Möglichkeit zu nutzen, Wissenschaft und Universität von einer etwas distanzierteren Position aus zu betrachten.

Dieser Position entsprechend sind die Zugänge des vorliegenden Bandes auf der Folie seiner emanzipatorischen Ausrichtung nicht ausschließlich innerhalb wissenschaftlicher Schreibweisen verortet. Vielmehr soll einem vielfältigen Essaystil und somit einem Pluralismus der epistemologischen Text-Möglichkeitsformen Raum gegeben werden, ohne einen bestimmten Diskursmodus zu privilegieren. Erkenntnis, egal in welcher Form, kann sich aus unserer Sicht dann besonders entfalten, wenn sie nicht in zu strenge Regelwerke gepresst und von einer normierenden, formalen und inhaltlichen Konformismus einfordernden Wissensform beherrscht wird.[11] Denn, das sollte abschließend keineswegs verschwiegen werden, wiewohl es sicherlich schon deutlich geworden ist, wir vertreten hier keineswegs einen neutralen Standpunkt, sondern stehen, ganz sicher und nicht nur in Dingen der Wissenschaft, stets auf der Seite der Freiheit.

11 Dem Pluralismus der epistemologischen Text-Möglichkeitsformen entspricht auch die den BeiträgerInnen überlassene und deshalb je nach Beitrag unterschiedliche Form geschlechtergerechter Formulierungen.

Vom Unbehagen in der Universität und der Subversion akademischer Herrschaft

Gerald Lind

> Ich glaub, daß ich jetzt soweit bin, aus dem akademischen Betrieb auszusteigen.
> Es ist einfach würdelos, länger auf ernsthafte Weise sich da rumzuprostituieren.
>
> (Hans Peter Duerr an Paul Feyerabend)[1]

In ihrem Essay „Gegen Interpretation“ schreibt die amerikanische Schriftstellerin Susan Sontag: „In manchen kulturellen Umgebungen ist die Interpretation ein befreiender Akt. In anderen kulturellen Zusammenhängen ist sie reaktionär, trivial, erbärmlich, stickig.“[2] In akademischen Umgebungen stattfindende literaturwissenschaftliche Interpretation wird von Sontag als zweiteres, also als „Erstickung“ von Literatur durch wissenschaftliche Kategorisierungs- und Bedeutungsfestlegungskäfige, verstanden. Wissenschaft ist bei Sontag das Domestizierende, das, mit Max Weber gedacht, Kunst zu entzaubern versucht.[3] Dabei geht Sontag implizit von einem ganz

1 Paul Feyerabend: *Briefe an einen Freund*, hrsg. v. Hans Peter Duerr. Frankfurt am Main: Suhrkamp 1995, S. 27. Übrigens ist Hans Peter Duerr nicht aus dem akademischen Betrieb ausgestiegen. Genausowenig wie der das in besagtem Briefwechsel immer wieder androhende/erträumende Paul Feyerabend.

2 Susan Sontag: Gegen Interpretation. In: Dies.: *Kunst und Antikunst. 24 literarische Analysen*, aus d. Amerik. v. Mark W. Rien. Frankfurt am Main: Fischer 2012, S. 11–22, hier S. 15.

3 Vgl. Max Weber: Wissenschaft als Beruf. In: Ders.: *Wissenschaft als Beruf 1917/1919. Politik als Beruf 1919*. Tübingen: Mohr Siebeck 1994, S. 1–23, hier S. 9. Siehe für den Herrschafts- wie Zähmungsanspruch der

bestimmten Wissenschaftsbegriff aus, der im Wesentlichen von der inspirationslos variierten und den Status quo (und die damit verbundenen Machtverhältnisse eines naiven Verständnisses von ‚forscherischem Subjekt und erforschtem Objekt') erhalten wollenden Repetition kanonisierter Zugänge innerhalb kanonisierter Forschungsbereiche abhebt. Mit Thomas S. Kuhn könnte man dieses Dahinforschen und -lehren mit niedrigen Erkenntnis- und Aufregungsamplituden als „normal science" bezeichnen (auch wenn Kuhn von der Physik und nicht der Literaturwissenschaft ausging). Die von Kuhn perspektivierten „scientific revolutions" werden aber nicht von dieser „normal science" herbeigeführt. Vielmehr entstehen, folgt man Kuhns These, wissenschaftliche Revolutionen, sehr verkürzt gesagt, in Krisenzeiten eines Faches oder einer Theorie, in denen bisherige Denk- und Erklärungsmodelle in Frage gestellt werden. Eine wissenschaftliche Revolution ist dann erfolgreich, wenn die Krise durch die Etablierung eines von der „scientific community" letztlich (nach einem kürzeren oder längeren Aushandlungsprozess) anerkannten neuen Paradigmas beendet wird.[4] Paul Feyerabend, der mit Kuhn in intensivem und keineswegs widerspruchsfreiem Austausch stand, hat den Weg zu diesen wissenschaftlichen Revolutionen als einen künstlerischen Prozessen nahestehenden beschrieben.[5] Gerade undogmatisches, schöpferisch-intuitives, antinormatives „Anything goes" führt laut Feyerabend zu den Kuhn'schen „paradigm shifts".[6] Denkt man wissenschaftliche

Kunstwissenschaften gegenüber der Kunst meinen auf Sontags These referierenden, Weber zitierenden und Feyerabend schon im Titel paraphrasierenden wie im Text zelebrierenden Aufsatz: Kunst als Wissenschaft u/o Mütter und die Geräusche. In: *Trièdere. Zeitschrift für Theorie und Kunst* 1 (2014), S. 109–120.

4 Vgl. Thomas S. Kuhn: *The Structure of Scientific Revolutions*, with an Introductory Essay by Ian Hacking. 50th Anniversary Edition. Chicago / London: The University of Chicago Press 2012.

5 Vgl. Paul Feyerabend: *Wissenschaft als Kunst*. Frankfurt am Main: Suhrkamp 1984.

6 Feyerabend hat übrigens wiederholt darauf hingewiesen, dass „Anything goes" nicht das Programm des erkenntnistheoretischen Anarchismus, sondern

Epistemologien nun auf dieser Folie, zerfällt einerseits die von Sontag eingeführte Dichotomie von Wissenschaft und Kunst. Andererseits wird aber auch der Blick frei auf innerwissenschaftliche Konfliktlinien zwischen den professoralen ProponentInnen wissenschaftlicher Orthodoxie und den an einer permanenten (nicht nur in „Krisenzeiten eines Faches" erfolgenden) Revision etablierter Regelepistemologien arbeitenden ForscherInnen.

Ohne nun individuelle Ausprägungen/Hybridformen auszuschließen, können die erwähnten Gruppen von Bewahrenden/Konservativen und Erneuernden/Innovativen mithilfe einer von Immanuel Kant ausgehenden und von Pierre Bourdieu fortgeführten Einteilung in ihren unterschiedlichen Position/ierung/en innerhalb des wissenschaftlichen Feldes herauspräpariert werden. In seinem Text „Der Streit der Fakultäten" unterteilt Kant die Fakultäten in obere und untere. Die oberen Fakultäten (Jus, Theologie, Medizin) dienen einer außerwissenschaftlichen Autorität, dem Staat oder der Kirche. Forschung und Lehre an diesen Fakultäten stehen in einem Interdependenzverhältnis zu externen Machtinteressen und -strategien. Die untere Fakultät wiederum, die Philosophie (die damals auch Fachbereiche der heutigen Naturwissenschaftlichen Fakultät umschloss), steht der Macht fern (sie ist frei) und dient einzig der Wahrheit. Ihre Aufgabe ist die Kontrolle der oberen Fakultäten (jedoch ohne Sanktionsmöglichkeit) und die anti-normative Suche nach Wahrheit auf Basis der Vernunft.[7] Bourdieu greift im zweiten Kapitel seiner Studie *Homo academicus* (als Referenz auf Kant ebenfalls

vielmehr die einzige akkurate Beschreibung der tatsächlichen Arbeitsweisen sich (angeblich) innerhalb fester, allseits anerkannter Maßstäbe bewegender Regelwissenschaften ist: „Gründen wir unsere Beurteilung auf die akzeptierten Maßstäbe, so können wir nur sagen: anything goes." (Paul Feyerabend: *Erkenntnis für freie Menschen*. Veränd. Ausg. Frankfurt am Main: Suhrkamp 1980, S. 97.) Vgl. auch Paul Feyerabend: *Wider den Methodenzwang*. Frankfurt am Main: Suhrkamp 2013, S. 381–384.

7 Vgl. Immanuel Kant: *Der Streit der Fakultäten*, mit Einl., Bibliograph. u. Anm. v. Piero Giordanetti, hrsg. v. Horst D. Brandt / Piero Giordanetti. Hamburg: Meiner 2005.

„Der Streit der Fakultäten" betitelt) Kants Analyse auf und ergänzt sie. Den in der „soziale[n] Hierarchie" höher stehenden Angehörigen der staatsnahen Fakultäten schreibt er den „Besitz von politischem und ökonomischem Kapital" zu, den innerhalb einer „genuin kulturelle[n] Hierarchie" agierenden Mitgliedern der Geistes- und Sozialwissenschaften hingegen „Kapital an wissenschaftlicher Autorität bzw. intellektueller Prominenz"[8]. Dieser Einteilung entsprechend verteilen sich auch die von Bourdieu unterschiedenen Typen des Professors/der Professorin und des Forschers/der Forscherin[9] relativ und natürlich nur von der Tendenz her nach Fakultäten, wobei es eben auch innerhalb der Fakultäten und innerhalb der Disziplinen Fachbereiche mit großer Forschungsaffinität und Bereiche mit einer hohen Statusaffinität gibt. Für Bourdieu sind es jedenfalls diese beiden Pole, die das nicht kongruent zu denkende universitäre und wissenschaftliche Feld[10] bestimmen:

> Diese Art Antinomie zwischen Wissenschaft und gesellschaftlicher Achtbarkeit, zwischen der abweichenden und riskanten Karriere des Forschers und dem sicheren, aber auch beschränkteren Bildungsgang des Professors verweist auf objektiv gegebene Unterschiede in den institutionellen Positionen, auf deren Abhängigkeit bzw. Unabhängigkeit von „weltlichen" Machtinstanzen, daneben aber auch unterschiedliche Dispositionen der Akteure, die ungleich stark zu Konformität oder zum – untrennbar wissenschaftlichen und gesellschaftlichen – Bruch, zu Unterordnung oder Verstoß, zur Verwaltung der etablierten Wissenschaften oder zur kritischen Erneuerung der wissenschaftlichen Orthodoxie neigen bzw. gezwungen sind.[11]

8 Pierre Bourdieu: *Homo academicus*, aus d. Frz. v. Bernd Schwibs. Frankfurt am Main: Suhrkamp 1992, S. 100.

9 Paul Feyerabend meinte übrigens in einem Brief an Hans Peter Duerr, eine Bemerkung gegenüber einem Mitglied der seine Berufung zum Professor an die ETH Zürich prüfenden Kommission wiederholend: „[A]aus der Philosophie werde ich aussteigen, nicht aus dem Philosophie-Professorentum, denn das brauche ich noch zum Leben." (Feyerabend: *Briefe an einen Freund*, S. 55.)

10 Bourdieu unterscheidet zwischen Universität und Wissenschaft, da universitäre Macht nicht mit wissenschaftlicher Autorität einhergehen muss und umgekehrt. Vgl. Bourdieu: *Homo academicus*, S. 58.

11 Ebd., S. 121.

Auf der Folie dieser Differenzierung wundert es nicht, wenn viele originelle DenkerInnen zur universitär betriebenen Wissenschaft eine unglückliche Liebesbeziehung haben.[12] Die Liebe bezieht sich auf Forschung und die Möglichkeit zu intellektueller Verwirklichung, das Unglück auf die (nicht erreichten oder auch bewusst abgelehnten) Ämter und Würden. Walter Benjamin formuliert das Unbehagen an dieser offiziösen, staats- und machterhaltenden (und damit letztlich selbsterhaltenden) Funktion von Universität in seinem Aufsatz „Das Leben der Studenten“:

> Es führt zu nichts Gutem, wenn Institute, wo Titel, Berechtigungen, Lebens- und Berufsmöglichkeiten erworben werden dürfen, sich Stätten der Wissenschaft nennen. Der Einwand, wie der heutige Staat zu seinen Ärzten, Juristen und Lehrern kommen soll, beweist hingegen nichts. Er zeigt nur die umwälzende Größe der Aufgabe, eine Gemeinschaft von Erkennenden zu gründen an Stelle der Korporation von Beamteten und Studierten.[13]

Wenn nun von Unbehagen die Rede ist, dann deshalb, weil an den Universitäten ein Mechanismus am Werk ist, der deutliche Parallelen zu jener Vorstellung von Kultur aufweist, die Sigmund Freud in seiner kulturtheoretischen Schrift *Das Unbehagen in der Kultur* dargelegt hat. Freud sieht Kultur und kulturell formatierte Normierungen und Regeln in erster Linie als Triebregulation. Um Kultur und die damit verbundenen Vorteile von Ordnung und Sicherheit zu ermöglichen,

12 Diese Formulierung ist ein Echo einer Passage bei Feyerabend: *Wider den Methodenzwang*, S. 181: „In seinem Artikel hat Rossi eine unglückliche Liebesaffäre mit dem Rationalismus. Da ist viel Liebe, aber wenig Verständnis.“ Feyerabend bezieht sich auf den italienischen Wissenschaftshistoriker Paolo Rossi.

13 Walter Benjamin: Das Leben der Studenten. In: Unbedingte Universitäten (Hrsg.): *Was ist Universität? Texte und Positionen zu einer Idee.* Zürich: Diaphanes 2010, S. 47–57, hier S. 48. Walter Benjamins eigene akademische Laufbahn führt das Scheitern der Universität als ‚freier Denkraum‘ eindrücklich vor, vgl. dazu Burkhardt Lindner: Habilitationsakte Benjamin. Über ein ‚akademisches Trauerspiel‘ und über ein Vorkapitel der *Frankfurter Schule* (Horkheimer, Adorno). In: *LiLi. Zeitschrift für Literaturwissenschaft und Linguistik* 53/54 (1984), S. 147–165.

ist es notwendig, eine Reihe von Trieben so stark zu kontrollieren, dass die Triebbefriedigung des Einzelnen hinter dem Fortbestand des Kulturganzen zurückstehen muss. Dieses Tauschverhältnis – Genuss der Vorzüge von Kultur bei Verzicht auf Triebbefriedigung – führt aber zu einer unausgeglichenen Libidoökonomie. Anders ausgedrückt: Die Menschen verspüren ein Unbehagen in ihrem Kulturkäfig.[14] Es ist ein sehr ähnliches Unbehagen, das jene unorthodoxen, unangepassten, hauptsächlich an Erkenntnisgewinn und intellektuellem Fortschritt interessierten (und nicht selten be- oder gar verhinderten) ForscherInnen in der Universität in ihrer Arbeit erfahren. Das konzediert auch Bourdieu, zwar ohne direkten Bezug auf Freuds Kulturtheorie, aber unter Verwendung psychoanalytischer Termini: „Die Institution, Lustprinzip und Realitätsprinzip in einem, weckt die *libido sciendi* – wie die darin verborgene (und von der Konkurrenz ausgebeutete) *libido dominandi*".[15]

Für viele Forschungskreative ist die Universität deshalb nicht nur ein Ambivalenzraum zwischen intellektueller Stimulation und transgressiver Wissensproduktion auf der einen und rigiden Formalisierungen sowie starkem hierarchischen Gefälle auf der anderen Seite. Nein, viele erfahren Universität, zumindest in bestimmten Lebensphasen, als negativ konnotierten

14 Vgl. Sigmund Freud: *Das Unbehagen in der Kultur. Und andere kulturtheoretische Schriften*, mit einer Einl. v. Alfred Lorenzer / Bernhard Görlich. Frankfurt am Main: Fischer 2007. Freud geht übrigens an mehreren Stellen seiner Schrift auf die Funktion von Wissenschaft in seinem Verständnis des Kulturkomplexes ein. So sieht er „die wissenschaftliche Tätigkeit" als eine der „mächtige[n] Ablenkungen, die uns unser Elend geringschätzen lassen" (ebd., S. 41). Auch habe der Lustgewinn „des Künstlers am Schaffen […] [oder jener] des Forschers an der Lösung von Problemen und am Erkennen der Wahrheit […] eine besondere Qualität", man könne über diese Tätigkeiten „bildweise sagen, sie erscheinen uns ‚feiner und höher', aber ihre Intensität ist im Vergleich mit der aus der Sättigung grober, primärer Triebregungen gedämpft; sie erschüttern nicht unsere Leiblichkeit." (Ebd. S. 46) Freud denkt hier offensichtlich nicht an die lusthemmenden Exklusionsmechanismen der Universität gegenüber den unorthodoxen epistemologischen Praktiken der Psychoanalyse selbst.

15 Bourdieu: *Homo academicus*, S. 233.

geistigen wie materiellen Transitionsraum, als intellektuelles „Heterotop" (Michel Foucault), als akademischen „Nicht-Ort" (Marc Augé) oder, ganz plakativ gesagt, als einen Ort, der nicht zufällig mit einem Un- beginnt.

Die Vertreibung, Behinderung und Kleinhaltung unkonventioneller ForscherInnen ist dabei nun das wesentlichste, nicht aber das einzige Problem einer so organisierten Universität. Der theoriefeindliche, aber teilweise unterhaltsame Ulrich Horstmann stellt in seinem Buch *Schreibweise* zwar fest, dass das Prädikat StudienabbrecherIn an Bedeutung verloren hat.[16] Dennoch wird aber, im Sinne Horstmanns, auch von mittlerweile akademisch bis zum (bitteren) Ende gebildeten AutorInnen (oder JournalistInnen oder in anderen nicht-akademischen Bereichen Arbeitenden) die Einübung in wissenschaftliches Denken und die und die an der Universität verbrachte Lebenszeit eher als notwendiges Übel, denn als Möglichkeit zur Inspiration und zur Entfaltung individueller Potentiale erfahren: „Nein, nicht daß das Philologiestudium genutzt, sondern daß es nicht sonderlich geschadet habe, lautet in der Regel das größte Kompliment schreibender Ex-Absolventen."[17] In dieses Bild passt es, dass sich im *Atlas inspirierender Orte* unter „U" ein Eintrag zu „U-Bahn" findet, aber keiner zu Universität.[18] Denn seien wir ehrlich: So ein Eintrag erscheint geradezu absurd. Eine „unbedingte Universität", die

16 Vgl. Ulrich Horstmann: *Schreibweise. Warum Schriftsteller mehr von der Literatur verstehen als ihre akademischen Bevormunder. Ein Einwurf.* Würzburg: Königshausen & Neumann 2014, S. 103. Horstmanns Thesen heben übrigens, wie dieser Essay, wenn auch in invertierter Weise, von Sontags *Gegen Interpretation* ab.

17 Ebd., S. 105.

18 Vgl. Stephan Porombka / Wiebke Porombka: *Atlas inspirierender Orte. Manhattan, Südsee oder Badewanne. Eine Entdeckungsreise*, illustr. v. Steffen Hendel. Mannheim: Meyers 2013, S. 140–143. Erwähnenswert ist, dass Co-Herausgeber Stephan Porombka selbst Universitätsprofessor ist, nämlich für Kulturjournalismus und Literaturwissenschaft an der Universität Hildesheim, und dass zumindest die Bibliothek als Ort freien Wissenserwerbs (und somit als Gegenort zu Seminarraum und Vorlesungssaal) einen Eintrag erhalten hat (ebd., S. 26–29).

auch eine „Untergrunduniversität“ sein kann, würde hingegen sehr gut in den Atlas passen.

Jacques Derrida hat diese *Unbedingte Universität* in seinem gleichnamigen Essay beschrieben und als ihr wesentliches Merkmal herausgestellt: „Das Recht, alles zu sagen, sei es auch im Zeichen der Fiktion und der Erprobung des Wissens; und das Recht, es öffentlich zu sagen, es zu veröffentlichen.“[19] „Unbedingte Universität“ heißt deshalb auch „unbedingte[r] Widerstand“.[20] Ein Widerstand oder Dissens, der über die Grenzen der Universität hinausgehen kann oder sogar muss, da, mit Judith Butler gedacht,

> alle unsere Wissensprojekte im Grunde nur politische Projekte sind und dass wir, wenn wir in Wissensfragen nicht einverstanden sind, in Wirklichkeit dabei sind, uns politisch zu positionieren und durchzusetzen versuchen.[21]

Oder, in den Worten von Plínio Prado:

> Das Prinzip Universität, das Prinzip der freien und öffentlichen Ausübung des Gedankens, „über“ das sich nichts und niemand stellen kann, ist […] ein Prinzip des kritischen Widerstandes, der Dissidenz, das es […] als Prinzip des zivilen Ungehorsams zu bekräftigen gilt.[22]

Natürlich klingt nun der Widerstandsgedanke sexy. Allerdings: An der Umsetzung, nicht der theoretischen, sondern der praktischen, hapert es. Butler, Derrida, Prado, Feyerabend und Duerr sind an der Universität geblieben.[23] Der

19 Jacques Derrida: *Die unbedingte Universität*, aus d. Frz. v. Stefan Lorenzer. Frankfurt am Main: Suhrkamp 2012, S. 14.

20 Ebd.

21 Judith Butler: *Kritik, Dissens, Disziplinarität*, aus d. Engl. v. Regina Karl et al. Zürich: Diaphanes 2011, S. 34.

22 Plínio Prado: *Das Prinzip Universität (als unbedingtes Recht auf Kritik)* gefolgt von *Ein in der Universität verirrter Poet (Wittgenstein und die Erfindung der ‚Nonlectures‘)*, aus d. Frz. v. Regina Karl et al. Zürich: Diaphanes 2010, S. 50.

23 Duerr ist allerdings zumindest frühzeitig in Pension gegangen. Nicht freiwillig übrigens, sondern wegen seines Widerstands gegen Feminist Studies an der Universität Bremen. Mit diesem Wandel von Anarchismus-nahem Unangepasstsein in jungen Jahren zu reaktionärem Non-Konformismus im Alter könnte, so mein persönlicher Eindruck, Duerr prototypisch für viele eigenwillige Intellektuelle seiner Generation sein. Vgl. für eine kurze und

von Derrida formulierte Gedanke ist schöne Rhetorik: „Die unbedingte Universität hat ihren Ort nicht zwangsläufig, nicht ausschließlich innerhalb der Mauern dessen, was man heute Universität nennt.“[24] Aber praktisch umgesetzt hat Derrida seinen (Alp-)Traum von der postuniversitären Wissenschaft nicht. Eine Untergrunduniversität gibt es nicht (und wenn doch, ist sie so sehr im Untergrund, dass niemand etwas von ihr weiß). Wahrscheinlich auch deshalb, weil derzeit keine Alternative realistisch umsetzbar scheint. Denn in Abwandlung eines bekannten Bonmots von Winston Churchill könnte man sagen: Ich halte die universitär organisierte Wissenschaft für die schlechteste aller Organisationsformen der Wissensproduktion. Mit Ausnahme aller anderen. Und damit sind vor allem die privatwirtschaftlich organisierten Stätten der angewandten, zweckorientierten Wissensproduktion gemeint, die Labore einer rein auf Profitmaximierung ausgerichteten Industrie, die Abteilungen für Forschung und Entwicklung von Firmen, die auf permanente Expansion und Erhöhung von Verkaufszahlen getrimmt sind. Denn trotz des Geredes von der „unternehmerischen Hochschule“ und des Legitimierungszwangs sich nicht unmittelbar in „Produkte“ transformieren lassender Forschung: Noch unterscheidet sich universitäre Wissenschaft von privatwirtschaftlicher Forschung, noch zählt nicht nur der finanzielle, sondern auch der Erkenntnisgewinn.

Vor diesem Hintergrund und abschließend sollte man, anstatt immer nur zwar richtige, aber aus sicherer akademischer Position formulierte Widerstandsrhetorik von Wissenschaftsstars zu wiederholen, diejenigen in den Blick nehmen, die den eigentlichen Unterschied ausmachen können. Das sind wir: Die (oft prekär) beschäftigten Wissens- und WissenschaftsarbeiterInnen, die den Spagat zwischen äußerlicher

natürlich keineswegs neutrale Darstellung des ‚Casus Duerr‘ durch einen ihm vom Intellektuellentypus nicht unähnlichen Autor, vgl. Roland Girtler: *Bösewichte. Strategien der Niedertracht.* Wien / Köln / Weimar: Böhlau 1999, S. 73–76.

24 Derrida: *Die unbedingte Universität*, S. 77.

Anpassung aus finanziellen Notwendigkeiten[25] und dem Beibehalten einer kritischen Grundhaltung versuchen. Die intellektuelles Risiko eingehen, experimentelle Methoden erproben, partizipative Diskussionskulturen fördern, institutionelle und epistemologische Praktiken hinterfragen und dem akademisch Neuen und Anderen offen gegenüberstehen. Die sich manchmal, wie Duerr es gesagt hat, „rumprostituieren", weil alles andere beruflicher Selbstmord wäre, und die dennoch und gleichzeitig mit subversiven „Taktiken"[26] immer wieder der Hand, die sie füttert, einen Fingernagel abbeißen. Es liegt an uns, den unglücklich in Wissenschaft und Universität Verliebten, den Ambivalenzraum Universität positiv zu polen. Dabei geht es nicht nur und nicht einmal in erster Linie

25 Universität und Wissenschaft sind – auch wenn sie von den involvierten AkteurInnen oft als isoliert wahrgenommen werden – selbstverständlich mit weiteren gesellschaftlichen Teilsystemen verbunden und verschiedenen sozialen Energien ausgesetzt. Die in den Wissenschaften feststellbare Tendenz zu einer post-ideologisch, post-politisch scheinenden Anpassung ist deshalb nach Mark Fisher auch im größeren Zusammenhang des Effekts einer gar nicht unpolitischen Perpetuierung des „Capitalist Realism" zu betrachten: „By contrast with their forebears in the 1960s and 1970s, British students today appear to be politically disengaged. […] But this, I want to argue, is a matter not of apathy, nor of cynicism, but of *reflexive impotence*. They know things are bad, but more than that, they know they can't do anything about it. But that 'knowledge', that reflexivity, is not a passive observation of an already existing state of affairs. It is a self-fulfilling prophecy." (Mark Fisher: *Capitalist Realism. Is There No Alternative?* Winchester / Washington: 0 Books 2009, S. 21.) Dabei gilt es übrigens auch zu bedenken, dass Anpassung durchaus auch im Mantel ostentativer Nicht-Anpassung daherkommen kann. In einem verbal anti-kapitalistischen Universitätsmilieu ist es Anpassung, ‚den' Kapitalismus zu kritisieren, daraus aber keinerlei „praktiziertes Nichteinverstandensein" abzuleiten, weil das „Widerstand gegen sich selbst und gegen die Scheinattraktivität des weiteren Aufenthalts in der Komfortzone" bedeuten würde (Harald Welzer: *Selbst denken. Eine Anleitung zum Widerstand.* Frankfurt am Main: Fischer 2015, S. 287.)

26 Vgl. Michel de Certeau: *Kunst des Handelns*, aus d. Frz. v. Ronald Voullié. Berlin: Merve 1988, S. 23. De Certeaus Zugang zur Analyse der Umgehungsformen (auch im wörtlichen Sinne verstanden) von Macht, auch der wissenschaftlichen, hebt von Freuds „Unbehagen"-Text und der Wittgenstein'schen Sprachphilosophie ab (vgl. ebd., S. 37–54) und grenzt sich vom Diskurskonzept Foucaults und vom Habitus-Begriff Bourdieus ab. (Vgl. ebd., S. 105–129.)

um Widerstand. Sondern darum, die Universität als einen vielleicht widersprüchlichen, aber eben auch pluralistischen Raum heterogener, ja divergenter Zugänge, Theorien, politischer Einstellungen und, ja, auch, intellektueller Experimente und radikaler Denkfiguren[27] jenseits von Ämtern und Titeln zu gestalten. Den Kant'schen Streit der Fakultäten nicht als Problem, sondern als integralen, fruchtbaren Bestandteil universitären Lebens zu verstehen. In Lehrveranstaltungen, in der Forschung, in der Administration und Organisation der universitären Wissenschaft ohne vorauseilende Selbstzensur das Besondere (und damit „Gefährliche") zu unterstützen, aber auch der „normal science" und dem wissenschaftlich Konventionellen den Raum nicht abzusprechen. Dann ist Universität dort, wo auch Kultur sein sollte. Nämlich nicht bei der von Freud als unabdingbar verstandenen Triebregulierung, Unterdrückung, Kontrolle und letztlichen Domestizierung des Nonkonformen, sondern in absoluter Offenheit und unbedingter In-den-Diskurs-Nahme des Anderen. Auch wenn es sich um ein künstlerisches, literarisches, philosophisch irrationales oder gar antiszientistisches Anderes handelt. Nicht mehr sollte man von Universität und Wissenschaft erwarten. Aber auch nicht weniger.

27 Vgl. für eine Annäherung an den Begriff Jean Baudrillard: *Das radikale Denken*, aus d. Frz. v. Riek Walther, mit e. Essay v. Philipp Schönthaler. Berlin: Matthes & Seitz 2013.

Tanz auf der Bildungsnase

Ines Birkhan

Das Prinzip der Meisterklassen an den Kunsthochschulen im deutschsprachigen Raum wurde in den letzten Jahrzehnten aufgeweicht und unterwandert, existiert jedoch bis zu einem gewissen Grad noch immer. Es forciert ein System, in dem sich die Studierenden einem Meister, einer Meisterin unterordnen und zunächst deren Stil kopieren. Im besten Fall kann sich dieses Verhältnis zu einer Guru-Shishya-Beziehung entwickeln, bei der die Studentin, der Student über Jahre hinweg bei der Konzeption und Ausführung künstlerischer Arbeiten persönlich begleitet und gefördert wird. Was aber, wenn sich die Meisterin, der Meister als beinahe unerreichbares oder an bestimmten Studierenden uninteressiertes Subjekt erweist oder wenn in der Kommunikation etwas schief läuft, wie es während meiner Studienzeit in der Meisterklasse Hrdlicka an der Universität für Angewandte Kunst Wien geschehen ist?

Konträr dazu steht das liberale System einer Kunsthochschule in den Niederlanden, wo ich an der School for New Dance Development (SNDO) Tanz und Choreographie studiert habe. Dort gab es keine Meister oder Meisterinnen, sondern eine Vielzahl an Unterrichtenden, die man grundsätzlich jederzeit auf Augenhöhe ansprechen konnte. Auf künstlerischer Ebene galt das Leitprinzip des ‚anything goes', was manchmal zu zehrender Beliebigkeit führte.

Dieser Essay soll eine Reflexion der eigenen künstlerischen Arbeit als Fort-/Gegenführung von Erfahrungen mit/an künstlerischen Universitäten (Universität für Angewandte Kunst Wien und der Hogeschool voor de Kunsten, Amsterdam) sein, aber auch Bezug auf eine biographische Gegebenheit nehmen, nämlich – in ein hochgradig intellektuelles Elternhaus hineingeboren – ein ‚Professorenkind' zu sein. Welche Strategien lassen sich entwickeln, um der Zahmheit, aber auch den Messerschneiden des universitären Bildungsbürgertums zu entgehen?

Mit einem Vater, als ordentlicher Professor weit oben in der akademischen Hierarchie, und einer Mutter, die nach einer langen Kinderpause an die Uni zurückkehrte, in der Forschung und Lehre (Gender Studies) erneut Fuß fasste und sich als Gleichbehandlungskämpferin auch hochschulpolitisch ins Zeug legte, komme ich aus einem (a-)typischen Professorenhaus. Typisch waren allerdings der gehobene Bildungshorizont und die inhärente Erwartungshaltung, das Kind solle Sachen ‚wissen'. Es herrschte ein hohes sprachliches Niveau, gespickt mit Begrifflichkeiten, die Kinderohren überforderten. Ich hörte neben offenbar berauschenden Diskussionen mit Akademiker-Freunden der Eltern auch bei Streitgesprächen über hierarchische Strukturen an der Uni zu, vernahm die Worte Rigorosum, Assistenten, Mittelbau, Promotion, Seminar, Professoren, Proseminar.
Bald entfaltete ich, vielleicht, um mich dem familiären Erwartungshorizont zu entziehen, eine recht weit gestreute Ablehnungshaltung. Ablehnung und Zweifel gegenüber dem enzyklopädischen Wissen und darüber hinaus gegenüber Analyse, Interpretation, argumentativem Hick-Hack, kurzum, gegenüber der Macht der Logik. Ich entwickelte einen Heißhunger auf Sensuelles, Haptisches, Körperliches. Das bestimmte auch meinen Weg hin zur Kunst.

Mit meinen großformatig angelegten Rohrfeder-Aktzeichnungen, einem Tonporträt und einer Standbein-Spielbein-Figur schaffte ich es 1995 beim zweiten Versuch in die Angewandte, in die bekannte Hrdlicka-Klasse. Soweit die Tatsachen. Was

jedoch die danach folgenden Ereignisse in der Hrdlicka-Klasse betrifft, sind meine Erinnerungen nicht nur lückenhaft, sondern auch verzerrt.
Ein Gespräch mit meinem damaligen Kollegen und Freund zeigt Strukturen auf, von denen ich bestritten hätte, dass sie existierten. „Ja, natürlich hat es Materialkundeseminare gegeben. Aber du hast dich nicht eingeschrieben.“ „Bei handwerklichen Fragen konnte man sich jederzeit an die Assistenten wenden.“ „Doch, es gab Klassenbesprechungen, wo man Wünsche und Kritik äußern konnte.“ Auch gab mir dieser Freund zu bedenken, dass mein erstes Jahr dort eine Art Probejahr war. Es stand kein freier Arbeitsplatz zur Verfügung in der Expositur „Wotruba-Container“ neben dem Wiener Prater, also sollte ich eine Zeit lang nur zum Aktzeichnen kommen. Dieses Faktum hatte ich verdrängt, es war aber vielleicht einer der ausschlaggebenden Gründe für mein Gefühl der Nichtzugehörigkeit.
Gemäß meiner Erinnerung versammelte sich in der Klasse eine abgekapselte Gruppe (etwa ein Drittel davon Frauen), welche einer kryptischen Familiendynamik unterlag, die irgendwie mit dem Seelenleben des Assistenten zu korrespondieren schien. Gemeinsames Trinken und Rauchen in einer engen Küche wäre wichtig für den Austausch gewesen, aber ich hielt es dort nicht lange aus.
Die Zahl der plumpen Hrdlicka-Nachahmer lag etwa bei einem Viertel. Es war mir peinlich, Zeugin ihrer fehlenden persönlichen und künstlerischen Integrität zu sein. Peinlich fand ich auch, dass ausgerechnet diese Handvoll die Lieblingsschüler und -schülerinnen des Meisters waren. Die restlichen Studierenden suchten aber sichtlich nach eigener Formsprache, wenn auch der Materialhorizont nicht über Stein, Holz, Ton, Gips, Beton oder Metall hinausreichte und man sich strikt im Rahmen des ‚Figürlichen‘ bewegte. Textil, Leder, Glas, Papier sowie alle Arten von Kunststoff waren keine erwünschten Skulptur-Materialien in diesen Räumen.

„Alle Macht in der Kunst geht vom Fleische aus“, war Hrdlickas Devise. In der Tat gab es etwas, das alle Studierenden und Lehrenden, die sich in diesen Atelierräumen bewegten, miteinander verband: Wir wollten menschliche Torsi, Köpfe, Beine, Arme, Hände, Füße aus unbelebter Materie erstehen lassen, und es herrschte eine gewisse Angst, dass abstrakte Tendenzen diesen Wunsch nach Figürlichem in Zukunft immer weiter aushöhlen könnten. Eine unsichtbare Demarkationslinie trennte demnach unser Bildhaueratelier vom Nachbargebäude, dem Atelier der Skulptur-Klasse Bruno Gironcolis an der Akademie der Bildenden Künste.
Das Aktzeichnen im Ein-mal-zwei-Meter-Format war der Dreh- und Angelpunkt des Unterrichts. Hier erinnere ich auch tatsächlich die Präsenz Hrdlickas, der mit schweren Stiefeln, wehendem offenen Mantel, aber vor allem mit seinem wachen Auge imponierte. Er war ein begnadeter Graphiker und Zeichner. Ich erhielt damals eine Korrektur, bei der es um Achsen ging und darum, wie Gewichtsverlagerung zu Papier gebracht wird. Meine zweite Begegnung mit dem Meister sollte allerdings noch lehrreicher werden.

Mein besagter Freund und Kollege berichtet, dass sich Hrdlicka als Reibungsfläche für uns anbot, dass man in der Klasse nicht kindergartenmäßig an der Hand genommen wurde, sondern selbst die Bedingungen zu schaffen hatte, unter denen man arbeiten konnte. Die notwendigen Informationen sollte man sich selbst holen, die Struktur dafür sei angelegt gewesen. Das klingt plausibel, nachvollziehbar und ist als Lehransatz durchaus zu rechtfertigen. Größtmögliche Unabhängigkeit für die Lernenden. Ein System, das möglicherweise dann funktionieren könnte, wenn noch eine Außeninstanz, etwa in Form einer Supervision, deutlich ins Spiel käme, die das Ganze im Auge behält, öffnet und begleitet. Das Mini-System, wie ich es erlebte, funktionierte nämlich keineswegs für alle gleich gut. Der psychische Faktor darf nicht unterschätzt werden. Eine Studentin erlitt einen Nervenzusammenbruch, der sehr wohl etwas mit den familienähnlichen Umständen innerhalb des

Gebäudes zu tun hatte, etliche andere zogen sich völlig zurück. Ja, es gab einen machistischen Unterton und eine Sexualisierung von handwerklichen Handlungen, wenn eine Frau sie ausführte („Frau mit Flex ist sexy …“). Das bullenhafte Sich-Durchbeißen, das Erbuhlen von Information – darauf lief es leider hinaus – passte für viele Gemüter einfach nicht als Motto. Ich übertreibe natürlich – oder doch nicht?
Zur Einweihung in das Steinhandwerk wurde mir ein harter Krastaler Marmor aufgebockt. Den Assistenten um Hilfe zu fragen, stellte aus oben angeführten subjektiven Gründen eine unüberwindbare Hürde dar. Letztlich sind in dem wunderschönen grau-weiß gesprenkelten Marmorbrocken im Skulpturengarten des Ateliers nur ein paar kleine Kratzer verblieben.
So weit zu meiner eigenständigen Handschrift, zu meinem Wollen, meinem Biss. So weit zu meiner Un-/Lust am Raum-Greifen innerhalb dieses Mini-Systems als Teil einer größeren Institution, die ich letztlich zu wenig kennenlernte: The Mothership. Das Hauptgebäude der Angewandten.

Apropos Reibungsfläche. Ich komme auf die zweite lehrreiche Begegnung mit dem Meister zurück. Es handelt sich hierbei um einen spürbaren Quick-Scan meines Brustumfangs, nicht mit dem Auge, sondern via geschickt eingebrachter Geste beim Aneinander-Vorbeigehen in einem schmalen Gang. Ein unerheblicher Vorfall, den ich jedoch sehr genau erinnere. Ein unerheblicher Vorfall, der mich zwar wütend machte, den ich jedoch für mich behielt. „Ich bin nicht traumatisiert, hab Wichtigeres zu tun, und der Typ kann mir den Buckel runterrutschen …“ Die Annahme, der Meister hätte auch an den Hoden der Männer der Gruppe einen taktilen Quick-Scan vollführt, ist reizvoll, aber höchst unwahrscheinlich.

Vielleicht hätte ich ja weiter hineingebissen in diesen Stein und in die Aufmerksamkeit des Lehrpersonals. Glücklicherweise ist aber der Tanz zur Rettung aufgetaucht. Der Wunsch zu tanzen begleitete mich seit der Pubertät. Ich tanzte viel, allerdings allein hinter verschlossener Tür oder in Clubs und auf Raves, besuchte auch Jazzdance- und sogar Ballett-Klassen, aber der Gedanke, dass ich meinen Körper als künstlerisches Medium in den Raum stellen könnte, lag mir fern.

Zu Beginn der 1990er Jahre fasste der zeitgenössische Tanz in Wien mit dem Impulstanz Festival zwar langsam Fuß, doch brachen dessen Protagonistinnen und Protagonisten noch selten den klassischen Modern-Dance-Choreographiebegriff auf. Es ist kein Zufall, dass ich über einen Butoh-Workshop zum Tanz als Performancekunst gekommen bin.

Butoh ist eine aus Japan stammende Tanzbewegung, die in ihren Ursprüngen bis 1959 zurückreicht und in den frühen 1980er Jahren nach Europa kam. Im Ankoku Butõ – ‚Tanz der Finsternis' – wurde, ausgehend vom deutschen Ausdruckstanz, Nõ-Theater und Kabuki, über eine verinnerlichte, entfremdete, oftmals groteske Körpersprache nach neuem körperlichem Ausdruck des Erlebens gesucht.

Ursprünglich war es meine Absicht, bei diesem dreiwöchigen Butoh-Workshop in Graz Körper in Bewegung zu zeichnen, doch ich wurde aufgefordert mitzutanzen. Bereits in den ersten Tagen legte sich ein Hebel um – ein persönliches Satori! „Ich möchte meinen eigenen Körper bearbeiten, mich direkt über meinen Körper ausdrücken und Autorin von Tanzperformances werden!" Die Wende von der bildenden zur darstellenden Kunst war eingeleitet.

Bei diesem Workshop hörte ich von der School for New Dance Development (SNDO), nahm dort sofort am nächsten Intensivkurs teil und war ein paar Monate und eine Aufnahmeprüfung später Teil des Jahrgangs 1997. Die Ton-, Beton- und Gipsfiguren und etliche Radierungen waren bereits bei Freunden eingelagert. Ich hatte die Bildhauerei-Klasse, an der sich auch gerade ein Wechsel vollzog – Gerda Fassel trat die Nachfolge von Alfred Hrdlicka an –, verlassen. Im Laufe der nächsten Jahre sollten reine Bildhauerei-Klassen in Wien schließlich zum Auslaufmodell werden. Heute beherbergt der Wotruba-Container die TransArts-Klasse.

Das SNDO ist Teil der Amsterdamer Theaterschool, die wiederum Teil der Hogeschool voor de Kunsten ist. In einem riesigen Gebäude im Zentrum ist ein breites Spektrum an Instituten untergebracht: die nationale Ballettakademie, das Jazz- und Musical-Dance-Department, Modern Dance, Mime, Theater und Regie, das SNDO nebst den Masterstudiengängen Choreographie und Theater, Szenographie, Produktion und Bühnenmanagement sowie technische Bühnenstudien.
Das Besondere am SNDO war damals, dass es die einzige Hochschule für Tanz und Choreographie in Europa war, die explizit nach neuen Tanzformen suchte und außerdem junge Menschen ohne klassische oder moderne Tanzvorbildung aufnahm. Studierende aus anderen künstlerischen Disziplinen wurden zugelassen, sofern ein Ausdruckswollen in der Performancekunst zu erkennen war. Noch eine Besonderheit war und ist die außergewöhnliche Internationalität. NiederländerInnen stellen mit etwa einem Prozent sowohl im Kreis der Studierenden als auch im Lehrpersonal eine Rarität dar. Unterrichtssprache ist Englisch.

Seit seiner Entstehung im Jahr 1975 wurde im SNDO des Öfteren die Struktur der Leitung umgekrempelt. Wiederholt morphte diese von einköpfigen zu zwei- bis dreiköpfigen interimistischen Formationen, stets von einem sogenannten Kern-Team getragen. Aus meiner Sicht wirkten diese Veränderungen wie ein notwendiger organischer Prozess, der auf der Ebene der Organisation und künstlerischen Leitung ausgetragen werden musste und die Studierenden nicht zu sehr verunsicherte. Denn der Wille, ‚neuen' Tanz und ein Gegengewicht zu den dominierenden Tanzformen und -stilen zu schaffen, blieb durchgängig.
Es gab, so weit ich sah, keine hierarchische Ordnung und verschwindend wenig Machtspiel zwischen Lernenden und Unterrichtenden. Egomanen kamen in dieser Struktur nicht zum Zug. Genderspezifische Bevor-/Benachteiligungen waren kein Thema, Heterosexualität ein ständig zu hinterfragender

Gegenstand und queere, lesbische, schwule oder transsexuelle Liebes- und Lebensformen gang und gäbe.

Bezüglich des Lerninhalts war das SNDO sicherlich sehr USA-lastig und inkludierte damals noch nicht in genügendem Ausmaß Tanz- und Performancepraktiken nicht-westlicher Kulturen. Die Improvisations-, Explorations- und Tanztechnikklassen waren von ‚Release Technique', ‚Body Mind Centering' und ‚Contact Improvisation' dominiert. Ich war deshalb außerhalb des SNDOs Teil einer Butoh-Gruppe und studierte westafrikanische Tanzformen. Diese Suche wurde von den Lehrenden allerdings gefördert, so wurde mir etwa ein Studienaufenthalt in Ghana gewährt.
Für die Produktion von Performances galt die Losung ‚anything goes'. Jeder und jede durfte/wollte/sollte querdenken, dekonstruieren, ‚wild' sein, schockieren und vor allem ein individuelles Tanzvokabular und eine individuelle Kompositions- oder Improvisationsmethodik erstellen. Manchmal war der Rahmen so offen, dass ich mich durch mangelnden Widerstand im Raum der Beliebigkeit um die eigene Achse drehte. Wo sollte ich andocken? Und zugleich ließ der Anspruch, ständig ‚Neues' zu schaffen, mich verzweifelt fragen, was denn in der Kunst überhaupt noch fehle. Im SNDO schwebte man nämlich in einer Blase voll innovativer und freidenkerischer, körperbezogener Menschen, wo es durchaus passieren konnte, dass man vergaß, wie steif, eckig und brutal das Leben außerhalb ablief.
Tanzgeschichte wurde wenig unterrichtet. Es lag im eigenen Interesse, sich in der gut ausgestatteten Mediathek weiterzubilden. Theoretische Texte wurden sporadisch in kleinen Arbeitsgruppen gelesen und diskutiert. Ganz wichtig für mich war die sogenannte Creative-Writing-Klasse im letzten Studienjahr, die meine Neugier und Freude am Verfassen eigener Texte begründete.

Seither wuchs das Interesse an literarischen Narrativen und der Erkundung der Welt über sprachliche Begriffe und Formationen

stetig und führte mich weg von einer allzu eingehenden Nabelschau, die bei intensiver Beschäftigung mit dem eigenen Körper eine Art Falle darstellt.
Bei meinen Arbeiten als Tänzerin und Choreographin verwendete ich in den folgenden Jahren zunehmend auch narrative Textprojektion und erprobte weitere transmediale Ausdrucksformen, in denen der Bühnenraum mit Sprache, Tanz und Musik bespielt wird und über narrative Verbindungslinien auch in Bereiche der bildenden Kunst hineinreicht (Objekt- und Video-Installationen).
Obwohl ich derzeit hauptsächlich als Prosa-Autorin und Text-Performerin tätig bin, sehe ich meinen Parcours durch unterschiedliche Medien und gesellschaftliche Diskurse nicht als abgeschlossen. Die Betonung subversiver und transgressiver Elemente ist nach wie vor ein wichtiger Bestandteil meiner Arbeit. Und das Gefühl, über die künstlerischen Wege und Ansätze zu einer Art Unverletzlichkeit und Freiheit gegenüber dem universitären Bildungskanon gelangt zu sein, ist ein gutes!

Universität und Psychoanalyse

Zaungast im Zauderrhythmus

Daniela Finzi

Unumwunden hatte das HerausgeberInnen-Tandem Lind/Pany seine AutorInnen im Vorfeld darüber in Kenntnis gesetzt, was die einzelnen Texte des vorliegenden Sammelbandes *nicht* zu sein hätten, welcher binären Ordnung der Sammelband in seinem Insgesamt *nicht* aufsitzen wolle: der Entgegensetzung von „pessimistischer Diagnose einerseits und überhöhter Idealvorstellung“[1] von Universität andererseits. Unumwunden und mit gutem Grund, lässt doch, gepaart mit einer ordentlichen Portion Vergesslichkeit,[2] die nostalgische Verklärung der Universität, des Humboldt'schen Bildungsideals sowie ihrer autonomen, mündigen und selbstbestimmten Subjekte das Reden über ‚die Universität‘ schnell in ein Lamento über die zunehmende Schwierigkeit, wenn nicht Unmöglichkeit freier und unabhängiger Forschung unter dem Diktat fortschreitender Ökonomisierung, Effizienz und Nützlichkeit umschlagen. Anstatt jedoch jene gesamtgesellschaftlichen Bedingungen,

1 So die beiden HerausgeberInnen in ihrem per Mail im Februar 2014 verschickten Informationsblatt zum Sammelband.

2 Vgl. zum Kontext des humanistischen Bildungsideals, nämlich „kolonialen Expeditionen und Eroberungen und der damit zusammenhängenden ökonomischen Ausbeutung“ Therese Kaufmann: Materialität des Wissens. http://eipcp.net/transversal/0112/kaufmann/de (Zugriff am 21.01.2015). Vgl. zum Thema Nostalgie das instruktive Kapitel „Früher war Altes besser“ in Armen Avanessians *Überschrift. Ethik des Wissens – Poetik der Existenz*. Berlin: Merve 2015, S. 70–86.

die diese Entwicklung überhaupt erst ermöglicht haben – jene „Verhältnisse, in denen Deregulierung und Disziplinierung, Individualisierungsansprüche und Anpassungsdruck, Exzellenz-Imperative und Prekarisierung, Mobilitätspropaganda und Mobilitätskontrolle, der Mythos der flachen Hierarchien und die Realität des Abbaus demokratischer Formen als einander ergänzend und nicht einander widersprechend behauptet und wahrgenommen werden“[3] –, kritisch zu analysieren sowie dagegen zu protestieren, schießt man sich fünf Jahre nach *Uni brennt* auf das besagte Reden über die Universität ein, und in der Suada selbst zumeist auf ‚Bologna‘ als Sammelbegriff für sämtliche sich in allgegenwärtigen Evaluierungen, in Verschulung, Legitimations- und Erfolgsdruck niederschlagenden Umstrukturierungen. Bologna also als Sündenbock, in der Opferrolle die große Masse der prekär beschäftigten NachwuchswissenschaftlerInnen, von den Studierenden ganz zu schweigen – doch halt, lassen wir das! Das HerausgeberInnen-Tandem im Ohr (keine „bloße Fokussierung ökonomisierungsbedingter Praxiseffekte!“[4]) und Roland Barthes in petto („die Forschungsarbeit muss dem Begehren abgewonnen werden“![5]), wende ich mich vielmehr jenem (Arbeits-)Titel-Teil-Wort zu, das uns BeiträgerInnen gleichsam als Handlungsanweisung und Memento mitgegeben wurde: *Ambivalenz*. Schließlich handelt es sich hierbei um einen Begriff, der auch in der Psychoanalyse in ganz bedeutsamem Ausmaß zum Tragen kommt – womit die Einkreisung des ‚eigentlichen‘ Gegenstandes meines Beitrages und meines Begehrs ihren Lauf nimmt (und „die allmähliche Verfertigung der Gedanken beim ~~Reden~~“ Schreiben des Textes zum Zuge

3 Wiener Kollektiv: Spät im Wintersemester. In: *Unbedingte Universitäten* (Hrsg.): *Was passiert? Stellungnahmen zur Lage der Universität.* Zürich: Diaphanes 2010, S. 37–40, hier S. 40.

4 So die beiden HerausgeberInnen in ihrem Informationsblatt zum Sammelband.

5 Roland Barthes: Junge Forscher, aus d. Frz. v. Dieter Hornig. In: Unbedingte Universitäten (Hrsg.): *Was ist Universität?*, S. 339–342, hier S. 339.

und Vorschein kommt). Im ‚Zauderrhythmus'[6] möchte ich also aus meiner Perspektive als Literatur- und Kulturwissenschaftlerin auf den folgenden Seiten danach fragen, wie eine psychoanalytische Haltung in Forschungsprozesse übersetzt werden und eine als Ambivalenzraum verstandene Universität bereichern kann. Die Wahrnehmung und Wertung der Psychoanalyse als einer *Wissenschaft*, das sei an dieser Stelle noch vermerkt, ist das erklärte Ziel von Sigmund Freud, der sich selbst als Naturwissenschaftler verstand, gewesen.

Zwei Schritte vor und einer zurück. Die Denkfigur der Ambivalenz ermöglichte es Freud, die gleichzeitige Anwesenheit von einander entgegengesetzten Strebungen – so zum Beispiel Liebe und Hass, die beide ein- und derselben Person zuteilwerden – zu konzeptualisieren. Wissenschaftstheoretisch gewendet, ermöglicht die Figur das Denken eines Sowohl-als-auch anstelle eines Entweder-Oder. Das ist kein unerheblicher Befund, bedenkt man die lange Tradition der okzidentalen Geistesgeschichte, Begriffe von ihren Gegensätzen aus zu bestimmen, Episteme und Diskurse dichotomisch zu strukturieren. Dieses auf Aristoteles zurückgehende Denken in binären Ordnungen – auf die zwar auch der vorliegende Sammelband mit der Benennung des leitendenden Oppositionspaares ‚Freiheit/Herrschaft' nicht verzichtet, jedoch die Fokussierung darauf als heuristisch notwendigen Schritt für dessen Dekonstruktion vorschlägt – hat in der westlichen Kultur und Wissensordnung die Dominanz und anhaltende Wirkmächtigkeit von Gegensatzpaaren wie Natur vs. Kultur, Körper vs. Geist, Weiblichkeit vs. Männlichkeit, Passivität vs. Aktivität, Rationalität vs. Irrationalität, Subjekt vs. Objekt

6 Vgl. zum Freud'schen Ausdruck des ‚Zauderrhythmus' die Erörterung von Lilli Gast: „[…] eine Denkbewegung, die einem eigenen, einem nicht-linearen Rhythmus folgt, die sich in Widersprüchen, Gleichzeitigkeiten, Nachträglichkeiten, Gegenläufigkeiten und Antinomien bewegt […]." (Lilli Gast: Zur Psychoanalyse an der Universität. Eine Unverzichtbarkeitserklärung. In: *Werkblatt – Zeitschrift für Psychoanalyse und Gesellschaftskritik* 55,2 (2005), S. 5–19, hier S. 12.)

ermöglicht. Die wechselseitige Aufeinanderangewiesenheit der einzelnen Begriffe suggeriert eine egalitäre Beziehung, tatsächlich jedoch ist den einzelnen Begriffspaaren eine Asymmetrie eingeschrieben – unter dem Deckmantel der Gleich-Gültigkeit werden Machtverhältnisse geschaffen bzw. perpetuiert. Auch die Psychoanalyse Freuds arbeitet auf unterschiedlichen Ebenen mit Dualismen,[7] vermeidet jedoch mit ihrem Konzept der Ambivalenz einen hierarchisierenden Zugriff. Sie lässt sich auf ein Aushalten und auf eine Aufrechterhaltung der Gegensätze ein.

Behalten wir diese Figur des Sowohl-als-auch im Hinterkopf, um uns in einem erneuten Anlauf zunächst der Psychoanalyse in ihrem Selbstverständnis als mehrgliedriger und gleichsam intrinsisch interdisziplinärer Unternehmung zuzuwenden, sowie sodann in einem zweiten Schritt das von Freud begründete Unterfangen als Wissenschaft ins Visier zu nehmen. In einem Beitrag für die *Enzyklopädie der natur- und kulturwissenschaftlichen Sexualkunde des Menschen* definierte Freud im Jahr 1923 die Psychoanalyse wie folgt:

> PSYCHOANALYSE ist der Name 1) eines Verfahrens zur Untersuchung seelischer Vorgänge, welche sonst kaum zugänglich sind; 2) einer Behandlungsmethode neurotischer Störungen, die sich auf diese Untersuchung gründet; 3) einer Reihe von psychologischen, auf solchem Wege gewonnenen Einsichten, die allmählich zu einer neuen wissenschaftlichen Disziplin zusammenwachsen. […] Die Würdigung der Psychoanalyse würde unvollständig sein, wenn man versäumte mitzuteilen, daß sie als die einzige unter den medizinischen Disziplinen die breitesten Beziehungen zu den Geisteswissenschaften hat und im Begriffe ist, für Religions- und Kulturgeschichte,

7 Bei Freud findet man Gegensatzpaare auf der Ebene psychologischer oder psychopathologischer Manifestationen (Sadismus/Masochismus, Voyeurismus/Exhibitionismus), auf der metapsychologischen Ebene (Lebenstrieb/Todestrieb), sowie in den aufeinanderfolgenden Libidopositionen des Subjektes (aktiv/passiv, phallisch/kastriert, männlich/weiblich). Vgl. dazu den Eintrag „Gegensatzpaar“ in: *Das Vokabular der Psychoanalyse*, Bd. 1, hrsg. v. Jean Laplanche / Jean-Bertrand Pontalis, aus d. Frz. v. Emma Moersch. Frankfurt am Main: Suhrkamp 1980, S. 163.

> Mythologie und Literaturwissenschaft eine ähnliche Bedeutung zu gewinnen wie für die Psychiatrie.[8]

„[B]reiteste Beziehungen" zu anderen Disziplinen – tatsächlich ist nirgendwo in Freuds Schriften die Rede von einer Priorität der Psychoanalyse gegenüber ihren nicht-therapeutischen, sozusagen abgeleiteten Anwendungen und Ingebrauchnahmen, zu denen die Auseinandersetzungen mit Werken und Fragestellungen der Bildenden Kunst, Literatur, Ethnologie, Mythenforschung, Anthropologie, Soziologie zählen. Lassen wir uns die unterschiedlichen „Interessen", welche, wie von Freud 1913 ausgeführt, aus unterschiedlichen Wissensgebieten der Psychoanalyse entgegengebracht werden, auf der Zunge zergehen: das psychologische, das sprachwissenschaftliche, das philosophische, das biologische, das entwicklungsgeschichtliche, das kulturhistorische, das kunstwissenschaftliche sowie das pädagogische Interesse.[9] Dass hundert Jahre später in den verschulten Programmen geistes- und kulturwissenschaftlicher Bachelor-Studien dieser Gestus der interessierten Einblicknahme in andere Disziplinen völlig fehl am Platz ist, zieht nun gravierende Folgen nach sich: Die an der Universität gepflegte Auseinandersetzung mit Wissen und Erkenntnis sieht für ihre Studierenden die verstörende, berauschende, auf alle Fälle prägende Erfahrung, auf Heidegger'schen Holzwegen zu wandeln, sich in intellektuelle Abenteuer zu stürzen, ~~sich~~ darin ~~zu verlieren~~ aufzugehen, schlichtweg nicht (mehr) vor, genauso wenig wie Langsamkeit, Geduld, Wahrheitsliebe – womit gleichfalls die Modi der Psychoanalyse als *talking cure* benannt sind (und ebenfalls just jene Gründe aufgezählt, weshalb heutzutage diese im Wettbewerb mit ‚rentableren' Therapieformen dysfunktional erscheint).

8 Sigmund Freud: „Psychoanalyse" und „Libidotheorie". In: Ders.: *Gesammelte Werke*, Bd. XIII, hrsg. v. Anna Freud et al. London: Imago 1940, S. 209–233, hier S. 212.

9 Vgl. Sigmund Freud: Das Interesse an der Psychoanalyse. In: Ders.: *Gesammelte Werke*, Bd. VIII, hrsg. v. Anna Freud et al. London: Imago 1943, S. 389–420.

Im Hinblick auf die *Struktur* einer Wissenschaft gesprochen, haben wir es bei der oben angeführten Freud'schen Definition der Psychoanalyse bei 1) mit der Komponente der *Praxis*, bei 2) mit jener der *Technik* und bei 3) mit jener der *Theorie* zu tun.[10] Damit ist allerdings die Frage, welche Wissenschaft die Psychoanalyse denn nun sei – Naturwissenschaft? Geisteswissenschaft? Grundlagenwissenschaft? Gegenwissenschaft? Spezialwissenschaft? Querschnittswissenschaft? Pseudowissenschaft? Paradoxe Wissenschaft? – noch nicht beantwortet. Doch lassen wir auch diese Frage zunächst im Raum stehen, um uns dem Gegenstand dieser Wie-auch-immer-Wissenschaft zu nähern: dem Unbewussten. Freud zufolge gibt es einen Teil des psychischen Apparats, dessen Inhalte (‚Vorstellungen') unbewusst sind und trotz ihrer großen Intensität und Bedeutsamkeit nicht ins Bewusstsein kommen. Allerdings können sie sich, so zeigte er auf, u. a. in Versprechern, im Verschreiben, im Vergessen und nicht zuletzt im Traum manifestieren. Das Ich ist nicht Herr im eigenen Haus,[11] so fasste Freud im Jahre 1917 den Befund der Entdeckung des Unbewussten zusammen. Dies freilich hat folgenschwere Konsequenzen: Wenn unsere Identität, unsere Sexualität, unser Begehren auf Grundlage unbewusster Prozesse gebildet werden, muss das Konzept des autonomen, wissenden und vernünftigen Subjekts – jenes, dem wir bereits in Sachen Humboldt'sches Bildungsideal begegnen sollten – aufgegeben werden. Mit Freud gesprochen: Das Ich ist „nicht einmal Herr im eigenen Haus […], sondern [bleibt] auf kärgliche Nachrichten angewiesen […] von dem, was unbewußt in seinem Seelenleben vorgeht."[12] Die Position dieses „Herren" – man bemerke die

10 Vgl. dazu Louis Althusser: *Freud und Lacan*, aus d. Frz. v. Hanns-Henning Ritter / Herbert Nagel. Berlin: Merve 1970, S. 13–14.

11 Vgl. Sigmund Freud: Eine Schwierigkeit der Psychoanalyse. In: Ders.: *Gesammelte Werke*, Bd. XII, hrsg. v. Anna Freud et al. London: Imago 1947, S. 1–12, hier S. 11.

12 Sigmund Freud: Die Fixierung an das Trauma, das Unbewußte, 18. Vorlesung. In: Ders.: *Gesammelte Werke*, Bd. XI, hrsg. v. Anna Freud et al. London: Imago Publishing Co. 1940, S. 282–295, hier S. 295.

patriarchalische Begrifflichkeit dieser Rhetorik – wurde dabei von Freud nicht neu besetzt. Vielmehr ist Sigmund Freuds Theorie eine der *Dezentrierung* – und dies ist vermutlich auch einer der Gründe für die ungemeine Wirkmacht, die die Psychoanalyse als, mit Foucault gesprochen, neuer Diskurs in den unterschiedlichsten Disziplinen entfalten konnte.[13] Selbst dort, wo Freuds an Widersprüchen reiches Werk auf Einspruch und Ablehnung stieß, ist diese Wirkung spürbar.[14]

An der Universität hingegen hat die Psychoanalyse keinen verlässlichen Ort finden können – im Gegenteil verdankten die psychoanalytischen Organisationen dem Ausschluss aus dem Universitätsbetrieb, so Freud in seinem kurzen Text „Soll die Psychoanalyse an den Universitäten gelehrt werden", gerade ihre Existenz.[15] Unmöglich, die über 100-jährige Geschichte der Anziehung und Abstoßung zwischen Psychoanalyse und Universität sowie der jeweiligen Beziehungen mit den einzelnen natur- und geisteswissenschaftlichen Disziplinen aufzurollen, weshalb ich es bei dem bloßen Befund belassen möchte, dass es auf beiden Seiten – auf Seiten der Psycho-

13 Michel Foucault: Was ist ein Autor? In: Ders.: *Schriften zur Literatur*, aus d. Frz. v. Karin Hofer / Anneliese Botont. Frankfurt am Main: Fischer 1988, S. 7–31, hier S. 24.

14 „Jeder von uns Menschen […] wäre anders ohne ihn in seinem Denken und Verstehen", so brachte Stefan Zweig am Grabe Freuds dessen Bedeutung jenseits wissenschaftlicher Ordnungen auf den Punkt, „jeder von uns dächte, urteilte enger, unfreier, ungerechter ohne sein uns Vorausdenken, ohne jenen mächtigen Antrieb nach innen, den er uns gegeben." (Stefan Zweig: Worte am Sarge Sigmund Freuds. In: Ders.: *Über Sigmund Freud. Porträt Briefwechsel Gedenktworte.* Frankfurt am Main: Fischer 1989, S. 240–252, hier S. 249.)

15 Sigmund Freud: Soll die Psychoanalyse an den Universitäten gelehrt werden. In: Ders.: *Gesammelte* Werke, Nachtragsband, hrsg. v. Angela Richards unter Mitwirkung v. Ilse Grubrich-Simitis. Frankfurt am Main: Fischer 1987, S. 699–703, hier S. 700. Die von Freud gegründete Wiener Psychoanalytische Vereinigung (WPV) entstand 1908 zunächst als inoffizielle Umbenennung der „Psychologischen Mittwoch-Gesellschaft", am 12. Oktober 1910 erfolgte die offizielle Gründung der WPV als Verein mit immer noch gültigem Vereinsziel der „Pflege und Förderung der von Prof. Freud begründeten Wissenschaft", vgl. http://www.wpv.at/files/attachments/ausbildungs ordnung.01012015.pdf (Zugriff am 08.02.2015).

analyse und auf Seiten der Universität – Skepsis und Zweifel gab, und immer noch gibt.[16] Nein, an der Universität ist die Psychoanalyse nicht ‚angekommen', hier ist sie, als *Wissenschaft*, Zaungast geblieben; am ehesten noch genießt sie heute innerhalb der Literatur- und Kulturwissenschaften, wo doch die Berührungspunkte unsystematischer und zufälliger waren, einen gewissen Status. Psychoanalytische Konzepte bilden hier einen unhintergehbaren Bestandteil zahlreicher theoretischer Kategorien. Doch von welcher Wissenschaft ist nun die Rede?

Für mich ist die Psychoanalyse eine Verunsicherungswissenschaft: Verunsicherungswissenschaft insofern, als sie Konstitutionslogiken hinterfragt und jegliches vorauseilende Streben nach Sicherheit, Vorhersehbarkeit und Plausibilität unterläuft – allesamt Kategorien, die auch in unserem (kultur- und geistes)wissenschaftlichen Arbeiten ihr Unwesen treiben. Verunsicherungswissenschaft aber auch insofern, als die Psychoanalyse von der Prämisse ausgeht, dass Erkenntnisprozesse stets libidinösen Dynamiken, Ansprüchen und Verwicklungen unterliegen,[17] dass selbst die im wissenschaftlichen Arbeits-, Verständigungs- und Positionierungsprozess geschaffenen Kategorien durch Begehren strukturiert sind.[18] In Lilli Gasts äußerst lesenswertem Aufsatz „Zur Psychoanalyse an der Universität. Eine Unverzichtbarkeitserklärung" sind die diesbezüglichen Meriten Freuds aufgelistet, nämlich

16 Vgl. dazu das Vorwort von Hans Jörg Walter in dem von ihm herausgegebenen Sammelband *Psychoanalyse und Universität.* Wien: Passagen 1994, S. 10–11, hier S. 11.

17 Freud ging davon aus, dass künstlerische und wissenschaftliche Arbeit ihrer Genese nach tief in der Triebstruktur der Subjekte verankert sind und gleichsam Übersetzungsleistungen sexueller Energie in gesellschaftlich sanktionierte Bereiche darstellten, worauf der psychoanalytische Begriff der ‚Sublimierung' abzielt.

18 Vgl. Gabriele Dietze / Sabine Hark: Unfehlbare Kategorien? – Einleitung. In: Dies. (Hrsg.): *Gender kontrovers. Genealogien und Grenzen einer Kategorie.* Königstein i. Ts.: Helmer 2006, S. 9–18, hier S. 10.

> diese verleugnete Abseite der Wissenschaften resp. des wissenschaftlichen Prozesses, gleichsam die irrationalen Abhänge der Aufklärung, in den wissenschaftlichen Diskurs eingefügt, sie dort zur Sprache gebracht und ihnen damit symbolische Repräsentanz verliehen zu haben.[19]

Lassen wir an dieser Stelle diesbezügliche Verdienste Jacques Lacans nicht unerwähnt, fand doch in seiner Konzeption von Subjekt und Wissen – eine Konzeption, die neben dem Moment des Begehrens auch jene der Fiktion, des Illusionären sowie der Intersubjektivität stark macht – die Freud'sche Frage, was den Prozess des Forschens in Gang setze, ihren Niederschlag und Fortschreibung. Auch wenn wir nicht gewohnt sind, es wahrzunehmen oder wahrhaben zu wollen: Es ist all das, was beunruhigt, was verletzt, was verführt, was verzaubert – ja, ohne Magie gäbe es wohl kaum Forschung! Die (An)Erkennung dieser „irrationalen Abhänge", sie sei allen LeserInnen dieses Beitrages als Denkanstoß mitgegeben.

Das Wissen wiederum um die besondere Beziehung zwischen AnalytikerIn und AnalysandIn, wie sie in der psychoanalytischen Behandlungssituation am Werk ist: Das dichte und komplexe Übertragungs- und Gegenübertragungsfeld[20] kann uns zu einem neuen Blick auf das wissenschaftliche Arbeiten und in weiterer Hinsicht zu einer als Ambivalenzraum gefassten Universität verhelfen: Schließlich sind auch das erkennende Subjekt, der Erkenntnisgegenstand und das Erkenntnisverfahren miteinander verwoben, oder, anders gesagt: Objekt und Subjekt der Forschung konstituieren sich gegenseitig.[21] Erst in seinem Involviertsein ist dem Subjekt Erkennen mög-

19 Gast: Zur Psychoanalyse an der Universität, S. 8.

20 Der psychoanalytische Begriff der ‚Übertragung' bezeichnet den Vorgang der Aktualisierung unbewusster Wünsche an bestimmten ‚Objekten' im Rahmen der analytischen Beziehung; unter ‚Gegenübertragung' versteht man die unbewussten Reaktionen des Analytikers/der Analytikerin auf die Person des Analysanden/der Analysandin.

21 Vgl. dazu Bernd Nissen: Hat die Psychoanalyse die Struktur einer wissenschaftlichen Theorie? In: *Psyche* 66,7 (2012), S. 577–605; Insa Härtel / Elfriede Löchel: Vorwort. In: Dies. (Hrsg.): *Verwicklungen. Psychoanalyse und Wissenschaft.* Göttingen: Vandenhoeck & Ruprecht 2006, S. 5–10.

lich. Hier ist es die Aufgabe der Psychoanalyse – „Psychoanalyse nicht nur als klinische Theorie und Praxis, sondern auch in ihrer Eigenschaft als Erkenntnismethodologie und Theorie des Subjekts“[22] –, all jenen (insbesondere in den Kulturwissenschaften aufzufindenden) Ansätzen, die universalistische Wahrheitsauffassungen hinter sich gelassen haben sowie den Standort und die Verfasstheit des jeweiligen Forschungssubjektes berücksichtigen, die von ihr entwickelten Methoden und Instrumente zur Verfügung zu stellen. Wird die psychoanalytische Einsicht, dass eine gegenüberstellende Setzung nicht greift, erst einmal ernst genommen, verliert womöglich das vorauseilende Entweder-Oder seine Wirkmächtigkeit und jene auf „epistemischer Gewalt“ (Gayatri Chakravorty Spivak) beruhende Aufteilung in Subjekt und Objekt, Forschenden und Beforschten, Lehrenden und Belehrten denn auch ihre Selbstverständlichkeit. Genau hierin liegt meines Erachtens ein außerordentliches emanzipatorisches Potential. Sowohl Emanzipation als auch Begehren – beides wird die als Ambivalenz*traum* verstandene Universität gleichermaßen benötigen und befördern.

22 Nissen: Hat die Psychoanalyse die Struktur einer wissenschaftlichen Theorie?, S. 8.

Über Freiheit und Zwang in fiktionalen Lebens- und Bildungs(t)räumen am Beispiel des Romans *Fliehkräfte* von Stephan Thome

Nora Berning

I

„Ich hatte mir tatsächlich vorgestellt, dass ich in der akademischen Welt Karriere machen würde. Über diese Illusion konnte ich heute kaum sprechen, ohne mich zu genieren."[1] So lässt der Erzähler Wilhelm Genazino einen seiner eigensinnigen Protagonisten, einen promovierten Philosophen, der beruflich zwischen Barkeeper und Provinz-Redakteur schwankt, seine Erfahrungen mit dem „große[n] Wartesaal" Universität, „in dem man dann doch nicht aufgerufen wird"[2], resümieren. Freiheit, Zwang und Unsicherheit in genuin akademischen Lebensformen und die damit verbundenen körperlichen und seelischen Auswirkungen sind – vor allem im anglo-amerikanischen Raum – seit Mary McCarthys Campus-Roman *The Groves of Academe* (1952) immer wieder literarisch zur Darstellung gebracht worden.

Im kalten und von Zweckrationalität geprägten Raum der Universität will auch Hartmut Hainbach, seit fünfzehn Jahren Professor für Sprachanalytische Philosophie an der Universität Bonn, nicht länger funktionieren. Hainbach, Ende 50, ist die Hauptfigur in Stephan Thomes zweitem Roman *Fliehkräfte*, der 2012 erschien und auf der Shortlist des Deutschen

1 Wilhelm Genazino: *Bei Regen im Saal.* München: Hanser 2014, S. 10.

2 Ebd., S. 67.

Buchpreises landete. Dabei spielt die Handlung dieses Romans gar nicht an der Universität. Thomes Held will vielmehr weg aus seinem alten beruflichen Leben und sucht Klarheit über sich und seine kriselnde Ehe. Und so sehen wir Hainbach öfter auf Land- und Bergstraßen sowie auf Autobahnen als in seinem Institut einen der aus seiner Sicht ohnehin immer weniger lesenswerten wissenschaftlichen Aufsätze studieren, womit er jene „Art von gut informierter, spitzfindiger Inhaltslosigkeit, die er früher eingehend kritisiert hätte“[3], meint. Dreitausend Kilometer lang wird am Ende seine selbsttherapeutische Reise über Frankreich und Spanien nach Portugal sein. Eine Pilgerfahrt, die ihn immer weiter entfernt von der Universität als einem Ort von offenbar zunehmender Bedeutungslosigkeit. Ein Ort der „Frustration über die dilettantischen Reformen“[4], an dem gleichwohl „im Niedergang des Ganzen jeder seinen kleinen Pyrrhussieg“[5] sucht. Ein Ort, der erschreckenderweise an Marc Augés Vorstellung von einem Nicht-Ort erinnert,[6] der „keine besondere Identität und keine besondere Relation, sondern Einsamkeit und Ähnlichkeit“[7] schafft. Inhalte spielen hier nur noch scheinbar eine Rolle; sie sind allenfalls Mittel zum Zweck, der im hektischen Erwerben von Credit Points besteht. Auf einer Raststätte in Portugal hören wir Hainbach mit seinem Kollegen Breugmann telefonieren:

> Machen wir uns nichts vor. Es gibt Dinge, die funktionieren nicht, wenn man sie in Module einteilt. Oder vielleicht haben sie nie funktioniert, und es gab sie einfach, weil es sie schon so lange gegeben hat. Aber heute? Die Suche nach der Wahrheit, ich meine, wen versuchen wir eigentlich zu täuschen?[8]

3 Stephan Thome: *Fliehkräfte.* Berlin: Suhrkamp 2013, S. 71.
4 Ebd., S. 85.
5 Ebd., S. 45.
6 Marc Augé: *Nicht-Orte.* München: Beck 2014.
7 Ebd., S. 104
8 Thome: *Fliehkräfte*, S. 409.

Freiheit mit der Aussicht auf neue Handlungsmöglichkeiten ist also der Motor, der Hartmut Hainbachs Reise Richtung Westen antreibt. Je mehr er dabei vorankommt, desto stärker erscheinen ihm die Zwänge, denen er sich ausgesetzt glaubt, und desto deutlicher treten die Selbsttäuschungen seines Lebens hervor. Hainbach steht vor schwierigen Entscheidungen, von denen er dachte, er hätte sie längst getroffen: Er überlegt, in einem Berliner Wissenschaftsverlag einen Neustart zu wagen, ohne mit seiner Familie darüber gesprochen zu haben. Das Haus auf dem Bonner Venusberg will er verkaufen. So könnte er auch seiner portugiesischen Frau nach Berlin folgen, die dort schon seit einem Jahr an einem Theater arbeitet, auch wenn Hainbach bis zum Ende seiner Reise nicht weiß, ob Maria überhaupt noch mit ihm leben will.
Mit Hainbach erleben wir einen von Tinnitus geplagten Vertreter einer privilegierten, aber vielleicht zum Untergang bestimmten Elite, der die Demontage der Humboldt'schen Universität nicht aufhalten will, vielleicht auch nicht aufhalten kann. Und doch eröffnet sich in der Reaktion dieses Intellektuellen auf die Krisensymptome in der Mitte seines Lebens eine nicht zu unterschätzende Option hinsichtlich einer Wieder-Verlebendigung von Universität als Ort wissenschaftlicher Utopiefähigkeit.

II

Stephan Thomes Roman *Fliehkräfte* bedient sich einer besonderen Konstruktion des Raumes,[9] in dem der Hochschullehrer Hainbach, der selbst aus der oberhessischen Provinz stammt, unterwegs ist. Es ist vor allem die Oppositionsstruktur ‚oben' (= Freiheit) und ‚unten' (= Zwang), die die Handlung zusammenhält.

9 Zum Raum-Konzept in der Literaturwissenschaft siehe beispielhaft Wolfgang Hallet / Birgit Neumann (Hrsg.): *Raum und Bewegung in der Literatur. Die Literaturwissenschaften und der Spatial Turn.* Bielefeld: Transcript 2009.

Oben, das war – zumindest bis zu Marias Auszug und dem Beginn einer schwierigen Wochenendehe – Hainbachs Haus auf dem Venusberg. Oben, das ist aber auch das portugiesische Bergdorf Rapa in der Serra da Estrela („[n]ichts als karge Berge und saurer Wein“[10]), aus dem Marias Familie stammt, bei der Hainbach mit seiner Frau und seiner inzwischen in Hamburg studierenden Tochter Philippa oft den Sommer verbracht hat. „Ich meine […], dass die schönsten Erinnerungen meines Lebens fast alle mit Portugal zu tun haben. Mit den Besuchen in Rapa und den gemeinsamen Abenden auf der Terrasse“[11], resümiert Hainbach diese Zeit fast schon anarchischer Freiheit im Gespräch mit Philippa, der er auf seiner sich an das Semesterende anschließenden, überstürzten Autofahrt ins alte, warme Europa in Santiago de Compostela einen überraschenden Besuch abstattet.

Die beiden Fixpunkte Bonn und Rapa sind auch Ausgangs- bzw. Endpunkt einer langen inneren Reise des Hartmut Hainbach, die für ihn zu einer *éducation sentimentale* wird. Alle von ihm angesteuerten äußeren Stationen (im Sinne von Lebensmöglichkeiten), die zwischen diesen herausgehobenen Orten (im topographischen Verständnis also ‚unten‘) liegen, erweisen sich als Sackgassen. Sie werden durch Weggefährten repräsentiert, die – so muss der Professor für Analytische Philosophie erkennen – mit ihren Lebensentwürfen ebenso gescheitert sind wie er selbst.

Da ist der Kollege Breugmann als Vertreter einer durchhierarchisierten, gouvernementalen[12] Universität („[s]eit über fünfzehn Jahren sind sie Kollegen und haben in dieser Zeit kein privates Wort gewechselt, das nicht unter den Begriff ‚Floskel‘ fiele“[13]), dem gegenüber er am Telefon Senecas Weisheit: „Wir haben keine knappe Zeitspanne, wohl aber viel davon

10 Thome: *Fliehkräfte*, S. 83.

11 Ebd., S. 401.

12 Zum Begriff Gouvernementalität siehe Michel Foucault: *Analytik der Macht.* Frankfurt am Main: Suhrkamp 2005.

13 Thome: *Fliehkräfte*, S. 408.

vergeudet“[14], zitiert und sich dabei zu seinem eigenen Erstaunen diebisch freut.
Da ist seine erste Liebe Sandrine, die Hainbach als Doktorand in Minneapolis kennenlernte. Sie haben sich nie so ganz aus den Augen verloren, aber als er der von einem Schlaganfall verunsicherten Sandrine in ihrer Wohnung in Paris gegenübersteht, wird ihm bewusst, dass seine sentimentale Anwandlung unpassend ist und es keinen Weg zurück in die Vergangenheit gibt („[i]hre Geschichte endet jetzt“[15]).
Da ist Bernhard Tauschner, Hainbachs früherer, 15 Jahre jüngerer Kollege, der vor drei Jahren seine Juniorprofessur in Bonn niedergelegt hat, um nach Mimizan an der französischen Atlantikküste zu ziehen und dort ein Weinlokal zu eröffnen. „Ich wollte [...] nicht länger kollaborieren mit diesem schwachsinnigen System“[16], begründet er Hainbach gegenüber seinen radikalen Schritt, den dieser (noch) nicht wagt. Tauschners Entscheidung bleibt aber durchaus ambivalent. Die Landschaft ist herrlich, aber der Umgang mit den Touristen bleibt anspruchslos.
Da ist die holländische Tramperin Marijke mit bewegter Punk-Band-Vergangenheit, die Hainbach kurz vor Santiago im Auto mitnimmt. Ihr ist gleich, wohin er fährt, weil sie endlich von ihrem Verlobten und wohl auch von ihrer verkorksten Vergangenheit loskommen will. Auf ein sexuelles Abenteuer mit ihr will sich Hainbach gleichwohl nicht einlassen, weil er auch darin keine tragfähige Perspektive für sich sieht. Lieber fährt er alleine weiter nach Santiago zu seiner Tochter, um danach mit ihr Lissabon anzusteuern, wo Marias Vater Artur mit Herzbeschwerden in einem Krankenhaus liegt.
Je näher Hainbach seinem Ziel- und Sehnsuchtsort Rapa kommt, desto mehr wird ihm bewusst, dass das Bild, das er sich von den anderen gemacht hat, falsch ist. Damit gerät auch sein Welt- und Selbstbild ins Wanken. Sein verängstigter,

14 Ebd., S. 411.
15 Ebd., S. 159.
16 Ebd., S. 195.

restaurativer Blick auf das Leben und sein Mangel an Empfindsamkeit gegenüber anderen kommen zum Vorschein. Kaum einmal ist es ihm, der über Sprechakttheorie promoviert hat, in der Vergangenheit gelungen, sich auf ein wirkliches Gespräch mit Maria und Philippa einzulassen. Sein Umgang mit dem Leben und den Menschen erscheint ungelenk und egozentrisch. Fast kommt es einem vor, als würde die Gegenwart in Thomes Roman mit Bedacht vermieden. Tatsächlich referiert der Erzähler die gegenwärtige Handlung in der Regel aus der Erinnerung – eine Erzählhaltung, die viel über den Menschen, aber auch den Wissenschaftler Hartmut Hainbach verrät. Universität und Wissenschaft sind ganz offenbar vom wirklichen Leben weit entfernt. Und diese Lebensferne hat auch außerhalb des akademischen Feldes von dem Privatmann Hartmut Hainbach und seine Art zu reflektieren und zu handeln mehr und mehr Besitz ergriffen.

Gleichwohl nimmt Hainbach, aufgebrochen aus dem gestrigen Bonn, die Chance, nach neuen Möglichkeiten für sich zu suchen, im Verlauf seiner Reise mehr und mehr an. Verzweifelt kämpft er darum, einen Standpunkt innerhalb seiner selbst zu finden, um von da aus auch außerhalb seiner selbst in größerer Freiheit und Übereinstimmung weiterzumachen. Er lässt sich ins Leben fallen – mitten hinein in sein Problem. Am Ende kommt Hartmut Hainbach als ein ganzer und neuer Mensch wieder heraus. Wie Geburtshelferinnen wirken dabei die vielen Frauenfiguren. Hainbach erspürt die Lebensklugheit und die innere Zufriedenheit seiner jüngeren Schwester Ruth, die ein unakademisches, ‚einfaches' Leben führt, die Agilität und Weltgewandtheit seiner Tochter Philippa, den Lebenswillen seiner ersten Geliebten Sandrine Baubion, die emotionale Kraft von Tereza Ortez, einer späteren Geliebten, die von ihm schwanger wird und sein Kind abtreibt, und den Lebenshunger und die Eigenwilligkeit seiner Frau Maria. Hainbach versteht schließlich auch, warum seine Frau nach Berlin gegangen ist und dass sie in den Bonner Jahren an seiner Seite tatsächlich unglücklich war, ohne es ihm jemals erklären zu können.

Wenn Hainbach Maria schließlich in Porto vom Flughafen abholt, kann er endlich über seine Ängste, Zwänge und Absichten sprechen. Er ist sogar so weit gereift, dass er auch einen letzten Tiefschlag verkraften kann. Maria gesteht ihm, längst von seinem Bewerbungsgespräch bei dem Berliner Verlag gewusst zu haben. Da sie den Verlagsleiter kennt, war sie bereits über dessen abschlägigen Bescheid in der Sache des Programmleiterpostens informiert, den mitzuteilen er aber feigerweise Maria überlassen wollte.
Unterwegs biegt Hainbach ab und fährt an den Strand. Er zieht sich aus und geht schwimmen. Das Meer wird zu einer Art Passage in einen hybriden, vagen und (wie schon Spinoza formulierte) zeitlich enthobenen, jenseitigen Raum, in dem Hainbach eine Art Wiedererweckung, eine zweite Taufe für eine neue Gegenwart, zuteil wird.

> Nach einigen Zügen dreht er sich auf den Rücken, stellt alle Bewegungen ein und folgt der sanften Strömung des Meeres. Vielleicht musste er dreitausend Kilometer fahren nur für diesen Moment. Um einmal in einem anderen Element zu treiben, ohne Ziel und ohne Angst. [...] Die Fliehkräfte ruhen. Er schwimmt.[17]

III

Hartmut Hainbach ist kein Wissenschaftsreformer, er ist ein Wissenschaftsaussteiger. Gleichzeitig ist er aber auch ein ‚Einsteiger' ins Leben. Was er dabei an Erkenntnissen gewinnt („‚[e]s geht um die Weigerung, eine Funktion zu erfüllen'", so Hainbach gegenüber seinem jungen Kollegen Tauschner)[18], reflektiert zurück auf eine Vorstellung von Universität jenseits ihres heutigen ‚Ausstellungscharakters'[19]. Es ist eine Universität, die ‚mitten im Leben' steht, die sich durch Selbstreflexion

17 Ebd., S. 474.

18 Ebd., S. 212.

19 Der Begriff ist zu finden in Byung-Chul Han: *Transparenzgesellschaft.* Berlin: Matthes & Seitz 2012. Zur heutigen Unternehmenskultur von Hochschulen siehe beispielhaft Klaus Dörre / Matthias Neis: *Das Dilemma der unternehmerischen Universität. Hochschulen zwischen Wissensproduktion und Marktzwang.* Berlin: Edition Sigma 2010.

und Kritik auszeichnet und auf Fantasie und Utopiefähigkeit setzt. Wahrnehmung und Kontemplation sind ebenso wie Hainbachs romantische Rêverie und vagabundierende Neugier notwendige Grundhaltungen für eine vitale Universität, die am Verstehen und Lösen der Probleme unserer Zeit interessiert ist und dafür mithilfe einer kritischen Diskurs- und einer lebendigen Dialogpraxis, die im Zentrum der Gesellschaft verankert ist, theoretische Gegenentwürfe erarbeitet.
Eine solche Universität ist angewiesen auf das Erfahrungswissen von Menschen wie Hartmut Hainbach. In diesem Sinne ist Hainbach ein ‚Überwinder' der vom neoliberalen Machtdispositiv hervorgerufenen Wirklichkeitsspaltungen. Solche Überwinder suchen nach alternativen Wegen, sie halten Latenzen aus, sie denken Unausgegorenes, sie unterziehen sich dem mühseligen Prozess des Verstehenwollens – nicht zuletzt, um die Verstrickungen ihrer eigenen Lebenspraxis zu durchschauen. All das ist gebunden an eine innengeleitete Anstrengung, an Einbildung, Anschauung und Verinnerlichung. Es sind genau diese Qualitäten, die es für eine Subjektwerdung und Wiedervermenschlichung braucht und die die Basis für einen kritischen, entfunktionalisierten und emanzipatorischen Bildungsbegriff darstellen.

Freiheit und Macht an der Universität

Enrique Rodrigues-Moura

Freiheit an der Universität

Die Freiheit von Forschung und Lehre ist im Grundgesetz der Bundesrepublik Deutschland verankert. Konkret heißt es im Artikel 5 (3): „Kunst und Wissenschaft, Forschung und Lehre sind frei. Die Freiheit der Lehre entbindet nicht von der Treue zur Verfassung."[1] Die Forschungs- und Lehrfreiheit stellt damit für den Gesetzgeber ein ebenso grundlegendes Freiheitsgut dar wie Leben, Gesundheit oder Eigentum. Eingriffe in dieses Freiheitsrecht behält er sich nur für jene Fälle vor, in denen andere Verfassungsgüter bedroht sind. Dieser hohe Stellenwert der Freiheit von Forschung und Lehre verweist auf die gedankliche Grundlage ihres verfassungsrechtlichen Rangs: Die Wissenschaft dient dem Staat und der Gesellschaft dann am besten, wenn sie sich unabhängig von deren Nützlichkeits- und Zweckmäßigkeitsvorstellungen entfaltet. Maßgeblich geprägt hat diese Vorstellung Wilhelm von Humboldt, der 1809/10 in seinem Reformkonzept für die Preußische Bildungsreform forderte, dass der Staat von seinen Bildungsinstitutionen nichts verlangen dürfe, „was sich unmittelbar und geradezu auf ihn bezieht, sondern die innere Ueberzeugung hegen [müsse], dass, wenn sie [die Bildungsinstitutionen, E. R.-M.] ihren Endzweck erreichen, sie auch seine Zwecke und zwar von einem viel höheren Gesichtspunkte aus

1 Grundgesetz für die Bundesrepublik Deutschland. http://www.gesetze-im-internet.de/gg/BJNR000010949.html#BJNR000010949BJNG000100314 (Zugriff am 23.04.2015).

erfüllen."[2] Diese Vorstellung hat sich bis heute erhalten und bildet mit ihren liberalistischen und neuhumanistischen Prämissen die Grundlage dafür, dass der Staat die Forschungs- und Lehrinstitution Universität ideell als einen Freiheitsraum konzipiert, dessen Unabhängigkeit es zum Wohl und zum Nutzen der Gesellschaft mit allen ihm zu Gebote stehenden Mitteln zu schützen gilt.

Dieser Anspruch hat in Deutschland zur Folge, dass die Statusgruppe der UniversitätsprofessorInnen als TrägerInnen von Forschung und Lehre – zumindest theoretisch – ein hohes Maß an Freiheit genießen: Der Beamtenstatus sichert sie wirtschaftlich und sozial ab, sie können bei der Wahl ihrer Forschungsgegenstände und Lehrinhalte ihren Interessen und Neigungen folgen; durch die Zuweisung von Kostenstellen verfügen sie über genügend finanzielle Mittel zur Umsetzung kleinerer Initiativen; sie können mit ausgezeichneten Rahmenbedingungen für ihre Arbeit rechnen und sich auf bestens ausgestattete und gut funktionierende Bibliotheken verlassen; ihre Professuren oder Lehrstühle können sie personell nach eigenem Gutdünken gestalten, denn sie haben das Recht, ihre Wissenschaftlichen MitarbeiterInnen selbst auszuwählen; und bei Stellenbesetzungen und Berufungen spielen qualitative Faktoren in der Regel eine größere Rolle als bloß quantitativ angelegte Punktesysteme, wie sie in anderen Universitätssystemen üblich sind. Kurz gesagt, eine Professur bzw. einen Lehrstuhl in Deutschland zu bekleiden, ist mit vielen Vorteilen und Gestaltungsspielräumen verbunden und bringt noch dazu hohes soziales Prestige. Das gilt besonders auch für Professuren in den Geistes- und Kulturwissenschaften, die ob der noch immer wirkmächtigen bildungsbürgerlichen Werte im deutschsprachigen Raum vergleichsweise hohes Ansehen genießen.

2 Wilhelm von Humboldt: Über die innere und äußere Organisation der höheren wissenschaftlichen Anstalten in Berlin. In: Ders.: *Werke in fünf Bänden*, Bd. IV, hrsg. v. Andreas Flitner. Stuttgart: Cotta'sche Buchhandlung 1964, S. 255–266, hier S. 260.

Als Romanistik-Professor an einer mittelgroßen bayerischen Universität erfahre ich all diese Vorzüge des deutschen Universitätssystems Tag für Tag und weiß sie außerordentlich zu schätzen. Dass all diese Freiheiten und Privilegien auch ihre Grenzen haben (z. B. durch Vorgaben der Bologna-Reform oder angesichts der Unterfinanzierung der Hochschulen), soll damit freilich nicht bestritten werden. In diesem Beitrag interessiert allerdings in erster Linie das ambivalente Verhältnis von Freiheit und Macht in der innerakademischen Alltagspraxis.

Das problematische Verhältnis von Freiheit und Macht

Die Universität ist nicht nur ein Ort der Freiheit. Vielmehr ist sie immer auch ein Ort, an dem es um Macht und Herrschaft geht. Dabei handelt es sich um einen Aspekt des universitären Lebens, mit dem ich im Zuge meiner Berufslaufbahn ebenso vertraut geworden bin wie mit den Vorteilen und den Privilegien, die das akademische Feld bereithält. Nach einem Studium der Spanischen und Romanischen Philologie an der Complutense in Madrid und einer ebendort eingereichten Promotion in Iberoromanischer Literaturwissenschaft hat mich mein beruflicher Weg an mehrere Universitäten im deutschsprachigen Raum geführt. In verschiedenen akademischen Positionen tätig, konnte ich dort auf allen möglichen Hierarchiestufen Erfahrungen und Beobachtungen machen. Dabei war mir stets eine gewisse Distanz möglich, denn ich wurde in einem anderen universitären System sozialisiert und stehe nach wie vor in einem engen Austausch mit KollegInnen und MentorInnen aus dem iberischen und lateinamerikanischen Raum. Aus dieser Perspektive stelle ich im Folgenden einige Überlegungen zum Verhältnis von Freiheit und Macht im deutschen Universitätssystem an. Diese Überlegungen spiegeln meine persönlichen Erfahrungen in den Geisteswissenschaften, vor allem in den Philologien.

An deutschen Universitäten resultiert die Macht, über die ProfessorInnen verfügen, einerseits aus dem bereits skizzierten hohen Stellenwert ihrer Freiheit, andererseits aber auch aus der spezifischen Stellenverteilung, nach der ein gewaltiger Mittelbau mit oft äußerst kurz befristeten Verträgen einem kleinen Prozentsatz von ProfessorInnen gegenübersteht.[3] Diese Verteilung führt zu einem unausgewogenen Kräfteverhältnis, in dem das Mitbestimmungsrecht des Mittelbaus stark begrenzt bleibt. Theoretisch sichert zwar die Gremienuniversität eine Mitsprache aller Statusgruppen ab, doch der relativ schnelle Wechsel des befristeten Mittelbaus und seine ausgeprägte Abhängigkeit von den ProfessorInnen schwächt seine Position in der Regel so sehr, dass die Gestaltungs- und Definitionsmacht effektiv auf die kleine Gruppe der ProfessorInnen beschränkt bleibt. In dieser Konstellation wächst den ProfessorInnen eine außerordentliche Machtfülle zu.

Das Verhältnis von professoraler Macht und Freiheit ist ein ambivalentes. Denn die Freiheit der ProfessorInnen schlägt im akademischen Alltag nicht selten in Machtausübung um. Der Grund dafür mag darin liegen, dass eine grundlegende Prämisse des Prinzips der ‚Freiheit von Forschung und Lehre' allzu häufig uneingelöst bleibt. Diese Prämisse verweist auf die philosophischen Grundlagen der Humboldt'schen Universitätsidee und hat ihre Basis im Kant'schen Freiheitsbegriff: Für Kant ist ein freier Mensch jemand, der mithilfe der Vernunft das Gute erkennt und sein Handeln und Verhalten so danach ausrichtet, dass ihm Pflicht und Freiheit eins werden. Im universitären Leben, wie wir es heute kennen, pflegt allerdings die Bereitschaft von ProfessorInnen, das für die Institution als gut und richtig Erkannte umzusetzen, immer dann zu

3 Nach den Angaben von Destatis gab es an den deutschen Universitäten im Jahr 2013 194.791 hauptberuflich wissenschaftlich Beschäftigte, davon 23.754 ProfessorInnen, 2.353 DozentInnen und AssistentInnen, 162.051 Wissenschaftliche MitarbeiterInnen, 6.633 Lehrkräfte für besondere Aufgaben. Damit stellen die ProfessorInnen 12,2% des wissenschaftlichen Personals. Vgl. Statistisches Bundesamt: Bildung und Kultur. Personal an Hochschulen 2013. https://www.destatis.de/DE/Publikationen/Thematisch/BildungForschungKultur/Hochschulen/PersonalHochschulen2110440137004.pdf?__blob=publicationFile (Zugriff am 23.04.2015).

leiden, wenn dadurch Einschränkungen ihrer Freiheit drohen. Die größte Bedrohung der Freiheit geht dabei zweifellos vom Zeitregime aus, das der bürokratisch komplexen Universität des frühen 21. Jahrhunderts eigen ist: Der an sich schon erhebliche Verwaltungsaufwand für alltägliche Aufgaben und Routinen (z. B. Gestaltung und Adaption von Studienprogrammen/Curricula, Prüfungs- und Gutachtertätigkeit, Anrechnung von Studienleistungen, Selbstverwaltungsaufgaben am Institut und an der Fakultät) vermehrt sich zunehmend durch die zeitaufwändige Einwerbung und Verwaltung von Drittmitteln, die bei größeren Projekten umfassender Kalkulationen, vielfacher Abstimmungsschleifen und eines beträchtlichen Berichtswesens bedürfen. Dazu kommt in Zeiten des Qualitätsmanagements noch das Erfordernis, Leistungen aller Art zu dokumentieren und sie nach innen und außen hin möglichst gut und umfassend sichtbar zu machen.
Neben dem Zeitfaktor gibt es aber auch noch andere, diffusere Aspekte, die das Potential haben, die Freiheit von ProfessorInnen zu untergraben. Diese lassen sich vielleicht am besten als psychologische Effekte des für das deutsche Universitätssystem typischen Karriereverlaufs beschreiben. Wer in Deutschland eine akademische Laufbahn einschlägt, muss mit einem großen Risiko zurechtkommen: Angesichts der zuvor angesprochenen Stellenstruktur muss als Karriereziel so gut wie immer eine Professur angestrebt und folglich ein außerordentlich enger Flaschenhals passiert werden. Der Konkurrenzkampf um die relativ wenigen Professuren bzw. Lehrstühle ist groß und verlangt denen, die berufen werden wollen, große Anstrengungen und Verzichtsleistungen ab: Sie müssen viele Jahre auf befristeten, oft halben und entsprechend schlecht bezahlten Stellen ausharren und sich mit einem Lebensstandard zufriedengeben, der weit unter den Möglichkeiten liegt, die sie mit ihrem Ausbildungsgrad in anderen Berufsfeldern hätten. Zu den einschneidendsten Konsequenzen dieser Erwerbssituation gehört für viele NachwuchswissenschaftlerInnen ein Aufschieben der

Familiengründung, die dann oft zu einem späteren Zeitpunkt nicht mehr nachgeholt werden kann. Diese den Lebensstil und die Lebensplanung betreffenden Hard Facts ergänzen weiche Faktoren, die jedoch meist nicht weniger belastend sind. Unter ihnen kann vor allem die Abhängigkeit besonders bedrückend sein, in der NachwuchswissenschaftlerInnen zu den ProfessorInnen stehen, die sie als BetreuerInnen und MentorInnen durch die Qualifikationsphase begleiten. Diese Abhängigkeit endet oft erst mit der Berufung, die in Deutschland im Schnitt mit 41 Jahren (im Bereich der Romanistik sogar erst im Alter von 42,4) erfolgt.[4] Um diese Situation der Unsicherheit und Abhängigkeit auszuhalten und die erforderlichen Opfer zu bringen, bedarf es sowohl stabilisierender Narrationen als auch einer Idealisierung des angestrebten Ziels. Während erstere meist harmlos sind und auf eine Hypostasierung der eigenen Forschungsleidenschaft und -begeisterung hinauslaufen, hat letztere insofern ein problematisches Potential, als die überhöhten Vorstellungen von dem, was es bedeutet, ProfessorIn zu sein, oft in einen ernüchternden, ja frustrierenden Abgleich mit der Realität münden.

Bei allen Privilegien, Vorteilen und Freiheiten, die eine Professur mit sich bringt, scheint es für im deutschen Universitätssystem sozialisierte AkteurInnen nach erfolgter Berufung dennoch schwierig zu sein, die Genugtuung und Zufriedenheit auf Dauer zu stellen, die man sich im Vorfeld vom Status des/der ProfessorIn erhofft hat. Entgegen dem idealisierten Wunschbild befreit die Position weder von institutionellen Zwängen noch von einer fortwährenden Unterwerfung unter unterschiedlichste Bewertungsmaßstäbe. So wird beispielsweise einerseits der quantitative Output von WissenschaftlerInnen mithilfe von Qualitätsmanagement-Instrumenten wie Performance Records und

4 Vgl. Statistisches Bundesamt: Bildung und Kultur. Personal an Hochschulen 2013. https://www.destatis.de/DE/Publikationen/Thematisch/BildungForschungKultur/Hochschulen/PersonalHochschulen2110440137004.pdf?__blob=publicationFile (Zugriff am 23.04.2015).

Forschungsleistungsdokumentationen kontinuierlich kontrolliert, während andererseits FachkollegInnen Quantität meist verdächtig finden und die Zuerkennung von wissenschaftlicher Reputation zu Recht von qualitativ hochwertigen Beiträgen zur Forschungsdiskussion abhängig machen.[5] Anerkennung innerhalb der eigenen Universität lässt sich wiederum vor allem durch Engagement in der akademischen Selbstverwaltung erlangen. Wer sich nicht genügend einbringt, dem haftet schnell der Ruf an, unkollegial und anmaßend zu sein. Dabei ist freilich umgekehrt bei der Übernahme von Funktionen auch ein Zuviel zu vermeiden. Sonst kommt man leicht in den Ruch, die Verwaltung als Flucht vor der Einsamkeit der Forschung zu benutzen. Mit einem Wort: Der Balanceakt ist schwierig, und es immer allen recht zu machen, ist de facto unmöglich. Für die Laufbahn notwendige Dispositionen wie ausgeprägter Ehrgeiz und starke Leistungsorientierung werden dabei leicht zu Fallstricken. Sie verleiten angesichts der vielfältigen, oft schwer vereinbaren Anforderungen dazu, die eigenen Ressourcen im Ringen um eine gute Performance restlos zu verausgaben und sich in das viel zitierte Hamsterrad zu begeben, in dem die Vorteile des Berufs schließlich gar nicht mehr ins Gewicht fallen. Die Gefahr, die von dieser Seite droht, ist nicht zu unterschätzen. Erliegt man ihr, kann das Konsequenzen haben, die sich nicht nur auf die eigene Berufszufriedenheit nachteilig auswirken, sondern auch auf das Funktionieren der Institution.

Unter diesen nachteiligen Konsequenzen zeigt sich im universitären Alltag eines relativ häufig, nämlich die Abwehrhaltung angesichts all jener institutionellen Erfordernisse, von denen ProfessorInnen fürchten, sie könnten ihren Freiraum einschränken. So pflegt es etwa schon innerhalb eines kleinen Instituts schwierig zu sein, eine Verpflichtung aller

5 Für die Geltung dieses qualitativen Prinzips angesichts des Qualitätsmanagement-Trends setzt sich auch der Deutsche Wissenschaftsrat in den letzten Jahren verstärkt ein, vgl. Wissenschaftsrat: Empfehlungen zu Zukunft des Forschungsratings. 2013. http://www.wissenschaftsrat.de/download/archiv/3409-13.pdf (Zugriff am 23.04.2015).

ProfessorInnen auf gemeinsame Ziele zu erreichen (z. B. Planung der Lehre nach abgestimmten Modulen, gemeinsame Beurteilungskriterien für studentische Arbeiten). Auch die verbindliche Einhaltung von einmal getroffenen Vereinbarungen (beispielsweise von verabredeten Deadlines für gemeinsam zu erledigende Aufgaben) leidet immer wieder unter den subjektiv empfundenen Abstrichen, die solche Verpflichtungen für die eigene Freiheit bedeuten. In angespannteren Konstellationen oder konfliktträchtigen Fällen kann es auch passieren, dass solche Weigerungen nicht nur defensiv, sondern auch offensiv als Demonstration der eigenen Macht eingesetzt werden. So kann es gelegentlich vorkommen, dass Gremienmitglieder bewusst nicht zu Sitzungen erscheinen, um die Beschlussfähigkeit der Versammlung im Hinblick auf eine für sie unliebsame Entscheidung zu verhindern. Der Worst Case im Umgang mit professoraler Macht tritt jedoch zweifellos dann ein, wenn die Frustration über die Kluft zwischen der tatsächlichen Berufsrealität und dem lang gehegten Idealbild vom ProfessorInnen-Status überhandnimmt. Dann droht leider nicht selten echter Machtmissbrauch. Eine seiner schlimmsten Ausformungen ist der herablassende, demütigende Umgang mit Studierenden.

In dieser Hinsicht hat etwa ein im Frühjahr 2015 in der *Frankfurter Allgemeinen Zeitung* erschienener Artikel mit dem Titel „Ehre und Ehrlichkeit der Studenten" für einiges Aufsehen gesorgt. Der Autor, ein Professor für Zoologie/Evolutionsbiologie an der Universität Konstanz, äußert sich darin in folgendem Tenor über die Studierenden seiner Universität:

> Unsere Studenten sind […] verwöhnt, denn sie zahlen nicht nur keine Studiengebühren, sondern bekommen auch leicht Bafög, Stipendien sowie andere Zuwendungen und Ermäßigungen. In jeder Hinsicht wird ihnen der Hintern gepudert und mit viel Fürsorge und Verständnis jede Faulheit und Inkompetenz vergeben.[6]

6 Axel Meyer: Ehre und Ehrlichkeit der Studenten. In: *Frankfurter Allgemeine Zeitung*, 16.04.2015. http://www.faz.net/aktuell/feuilleton/debatten/universitaets-professor-ueber-die-arbeitsmoral-von-studenten-13539958.html?printPagedArticle=true#pageIndex_2 (Zugriff am 24.04.2015).

Als öffentliche Stellungnahme hat dieser Artikel viel Kritik geerntet und auch ein Nachspiel für den Autor an seiner Universität gehabt. Es lässt sich allerdings nicht leugnen, dass Äußerungen wie diese im kleinen Kreis oder in Ganggesprächen immer wieder vorkommen. Eine andere Form des Machtmissbrauchs ist das Mobbing abhängiger Nachwuchskräfte, auch Bossing genannt.
Es handelt sich dabei um ein hoch tabuisiertes Phänomen, über das man weder innerhalb noch außerhalb der Universität offen zu sprechen pflegt. Dass es dennoch existiert, belegen die zahlreichen Vorträge und Beratungen, die an Universitäten zum Thema Mobbing angeboten werden.[7] Und fast niemand, der längere Zeit im deutschen Universitätssystem zugebracht hat, hat keine einschlägigen Beobachtungen gemacht.

Zwei Vorschläge für Gegenmaßnahmen

Um diesen Schattenseiten des deutschen Universitätssystems entgegenzuwirken, scheinen mir vor allem zwei Dinge bedenkenswert zu sein: Es müsste sich erstens das universitäre Zeitregime zum Besseren verändern, und zweitens müsste es zu einer Rücknahme der Hypostasierung des ProfessorInnenstatus kommen. Auf diese Weise ließen sich, wie ich meine, zwei wichtige Gefahrenquellen für das Umschlagen professoraler Freiheit in einen für die Institution nachteiligen Machtgebrauch eindämmen. Eine Korrektur des Zeitregimes könnte nach meinem Dafürhalten über eine institutionsadäquate Professionalisierung der Administration erreicht werden, eine Mäßigung der ProfessorInnen-Zentriertheit der Universität

7 Vgl. etwa folgende Handreichungen zum Thema: Personalrat Humboldt-Universität zu Berlin: Mobbing. Schon mal erlebt? https://gremien.hu-berlin.de/de/personalrat/antworten/mobbing_html (Zugriff am 24.04.2015); Arbeitsstelle gegen Diskriminierung und Gewalt der Universität Bremen: Mobbing. http://www.uni-bremen.de/de/ade/darum-geht-es/spezifische-formen.html (Zugriff am 24.04.2015); Personalrat der Justus-Liebig-Universität Gießen: Mobbing – Wo andere leiden, hört der Spaß auf. http://www.uni-giessen.de/Personalrat/mobbing.htm (Zugriff am 24.04.2015).

über eine Aufwertung des Mittelbaus und eine Modifikation der derzeit für ihn bestehenden Stellenstrukturen.

Was die Professionalisierung der Verwaltung betrifft, so ist zunächst ein grundlegendes Faktum festzuhalten: An Universitäten beschäftigte WissenschaftlerInnen wenden unter den derzeitigen Bedingungen nicht nur sehr viel Zeit für die universitäre Selbstverwaltung auf, sondern sie führen dabei auch fortwährend Tätigkeiten aus, für die sie nicht ausgebildet sind. In Bildungsweg und Berufsprofil eines Kulturanthropologen oder einer Geologin spielen Kostenkalkulation und Controlling schlicht keine Rolle und sollten das auch gar nicht tun. Angesichts dieser Tatsache kann es weiter nicht verwundern, dass viele WissenschaftlerInnen Unbehagen bis starken Widerwillen empfinden, wenn sie sich etwa mit Aufgaben aus dem Rechnungswesen konfrontiert sehen. Die Folge sind Reibungsverluste, die sich zum Nachteil von Forschung und Lehre auswirken und ein erhebliches Frustrationspotential in sich bergen. Um solchen negativen Effekten zu entgehen, kann die Einsetzung professionalisierten Personals für Selbstverwaltungsagenden ein Weg sein. Die Berechnung der jährlichen Gesamtausgaben eines Instituts, beispielsweise, kann eine entsprechend ausgebildete Person viel effizienter und präziser durchführen als ein/eine turnusmäßig wechselnde InstitutsleiterIn aus dem Kreis der ProfessorInnen. Bei der Beschreitung dieses Weges gilt es allerdings, eine Falle unbedingt zu vermeiden: die Logik der sogenannten unternehmerischen Universität. Denn eine Universität ist kein kommerzielles Unternehmen und funktioniert nicht nach den Regeln des Marktes. Dieser Umstand ist unbedingt zu berücksichtigen, wenn eine institutionsadäquate Professionalisierung der Verwaltung gelingen soll. Es bedürfte dazu einer spezifisch ausgebildeten Belegschaft, die nicht ausschließlich in betriebswirtschaftlichen Kategorien denkt, sondern klar um die Besonderheiten weiß, die der Universität als öffentlicher Bildungs- und Forschungseinrichtung zukommen. Hierbei handelt es sich um eine Conditio sine qua non für eine sinnvolle

Veränderung der universitären Administration. Geeignete Personen würden idealerweise nicht nur über ein hohes Organisationswissen, sondern auch über Wissenschaftsaffinität und eigene Forschungserfahrung verfügen. Auf diese Weise wären sie befähigt, das sich in Zeiten der Akkreditierungen zunehmend verschärfende Gap zwischen den Bereichen Administration und Wissenschaft zu schließen und die entsprechende Übersetzungsleistung zu erbringen.

Der zweite Vorschlag, den mir meine akademische Erfahrung außerhalb des deutschsprachigen Raums nahelegt, zielt auf eine Aufwertung des Mittelbaus. Aus einer Außenperspektive betrachtet mutet es sehr befremdlich an, dass an deutschen Universitäten die zahlenmäßig extrem geringe ProfessorInnenschaft die einzige Statusgruppe ist, die über institutionelle Definitions- und Gestaltungsmacht verfügt. Angehörige des vergleichsweise riesigen Mittelbaus haben meist Stellen mit kurzen Befristungen, sind stark von ihren Vorgesetzten abhängig und haben entsprechend wenig Autonomie und Mitbestimmungsmöglichkeiten. In seiner derzeitigen Ausformung sieht das deutsche Universitätssystem ein berufliches Ankommen vor der Professur nicht mehr wirklich vor.[8] Das hat zur Folge, dass der Mittelbau geringes akademisches und institutionelles Ansehen genießt und weniger nach seinen aktuellen wissenschaftlichen Leistungen als nach seinem Zukunftspotential beurteilt wird. (Das drückt sich übrigens deutlich in der von außen besehen seltsamen semantischen Überdehnung des Begriffs ‚wissenschaftlicher Nachwuchs' aus, der gemäß den Definitionskriterien des deutschen Systems selbst noch bei PrivatdozentInnen in ihren späten Vierzigern Anwendung findet.) Diese Situation bringt es mit sich, dass der Universität nicht nur viel wissenschaftliches Potential verloren geht, sondern auch ein großer Pool an Personal vorhanden

8 Auch die wenigen dauerhaften Mittelbaupositionen, die das System kannte, wie die des Akademischen Rats/der akademische Rätin sind im Schwinden begriffen, seit eine Reihe von Bundesländern die Kategorie „Akademischer Rat/Akademische Rätin auf Zeit" eingeführt hat.

ist, der kaum eine echte institutionstragende Funktion entfalten kann. Es stellt sich daher die Frage, ob es auf längere Sicht für die Institution nicht besser wäre, dem Mittelbau mehr Teilhabe an den universitären Gestaltungsspielräumen und Entscheidungsmöglichkeiten zu ermöglichen. Ein erster Schritt in diese Richtung könnte darin bestehen, von unzumutbar kurzen Befristungen und der Vergabe halber Stellen abzugehen und über Tenure Tracks und Qualifikationsvereinbarungen mehr Möglichkeiten zu schaffen, auch ohne ProfessorInnenstatus dauerhaft an einer Universität zu forschen und zu lehren. Als Orientierung könnte dabei ein System mit einer breiteren, dafür in sich stärker ausdifferenzierten ProfessorInnenschaft dienen, wie es die USA, aber auch die romanischen Länder kennen. Die größten Vorteile dieses Systems liegen in einer weniger ausgeprägten hierarchischen Struktur, in der die Spitzenpositionen den Nimbus des einzig Möglichen, Erstrebenswerten verlieren und sich eine umfassendere Bereitschaft zur Identifikation mit und dem Engagement für die eigene Institution entwickeln kann. Die Freiheit der Forschung und Lehre wäre dann weniger bedroht und müsste weitaus seltener durch den Einsatz von Machtstrategien geschützt werden.

Wissenschaft Macht Politik

Roland J. Schuster

Dieser Essay ist aus der Perspektive eines Interventionswissenschaftlers verfasst. Das bedeutet: Dieser Essay ist eine Intervention. Eine Intervention zielt taktisch darauf ab, Prozesse von Selbstreflexion zu initiieren beziehungsweise zu verstärken und zu begleiten. Strategisch ist es Ziel von Interventionswissenschaft – mittels Interventionsforschung – Selbstreflexion in Organisationen zu etablieren. Interventionen können sowohl an Einzelpersonen als auch Gruppen (Teams) und Organisationen gerichtet sein und werden im Laufe eines Interventionsforschungsprojekts ausgeführt.

Interventionswissenschaft ist eine Prozesswissenschaft und hat als wesentliches Kennzeichen Ergebnisoffenheit. Das bedeutet: Was ein Ergebnis ist, wird vom beforschten System selbst festgestellt. InterventionsforscherInnen sind Teil des Forschungssystems und wirken gemeinsam mit allen anderen beteiligten Menschen am Prozess mit. Die Prozessgestaltung stellt die Hauptverantwortung der InterventionsforscherInnen dar. Wie kann ein ergebnisoffener Prozess so beschrieben werden, dass die Beschreibung an sich den Prozess widerspiegelt? Um dies zu erreichen, wird bei einem vom Autor willkürlich ausgewählten Beispiel gestartet und auf ein Ende hingearbeitet, das möglichst offen bleibt und damit LeserInnen dazu einlädt, eigene Antworten zu geben. Gleichzeitig werden Inhalte und Ziele von Interventionswissenschaft dargelegt.

Horst Geyer stellt in seinem auch heute noch sehr lesenswerten Buch *Über die Dummheit* pathetisch fest, dass dem

„Archimedes von Syrakus 212 v. Chr." von der „marodierenden Soldateska" der Schädel „gleich einem hohlen Kürbis" eingeschlagen wurde. Dabei verweist Geyer darauf, dass Schicksale einzelner „erlauchter Köpfe" oft von Institutionen abhingen, die „zur Voraussetzung die Massen der von ihnen beherrschten Menschheit hatten". Konkret nennt der Autor „das soldatische, das kirchliche und das politische Regime".[1]

Daraus ergibt sich folgendes Bild: Ich als Autor präsentiere Geyers Argumentation, die ein ausgewähltes Individuum, nämlich Archimedes – von Institutionen beherrschten – Massen gegenüberstellt. Gerhard Schwarz verweist in diesem Zusammenhang darauf, dass „*Institutionen den* [...] *Gegensatz zwischen Bedürfnissen des Einzelnen und Norm der Gruppe*"[2] weiterentwickeln. Im Kern der Betrachtung von Geyer liegt also der Widerspruch zwischen Individuum und Institution. Aus Sicht der Interventionswissenschaft liegt der Fokus der Betrachtung von Individuum und Institution darauf, welchen Wechselwirkungen Individuen und eine aus Individuen bestehende (Menschen-)Masse ausgesetzt sein können. In das *Hier und Jetzt* versetzt ist meine Situation als Autor (Individuum) in Bezug zur Institution Wissenschaft (Masse von Individuen) von der gleichen Struktur. Allerdings setze ich mich als interventionswissenschaftlich sozialisierter Autor – im Gegensatz zu Geyer – mitten in das Geschehen. Damit verzichte ich bewusst auf eine – objektive? – Distanz.

Objektive Distanz bzw. *Objektivität* ist ein – in (natur)wissenschaftlichen Kreisen? – sehr beliebtes Kriterium. Mit anderen Worten, wenn ich etwas behaupte und diese Behauptung auch ohne Einbeziehung meiner Person zutrifft, dann ist es eine wissenschaftliche Behauptung. Damit ist der *menschliche Faktor* beseitigt. Der fallende Apfel zum Beispiel, der laut Anekdote Isaac Newton dazu veranlasst hat, das Gravitationsgesetz zu

1 Horst Geyer: *Über die Dummheit. Ursachen und Wirkungen der intellektuellen Minderleistung des Menschen.* Göttingen: Musterschmidt 1970, S. 223–224, 226.

2 Gerhard Schwarz: *Die „Heilige Ordnung" der Männer.* 3. überarb. Aufl. Wiesbaden: Westdeutscher Verlag 2001, S. 158.

formulieren, fällt, wie er fällt, mit oder ohne Newton. Aus dieser Perspektive leistet Wissenschaft eine Beschreibung und Zusammenfassung von Vorgängen in der Natur derart, dass zukünftige Vorgänge dadurch vorausgesagt (vorausberechnet, vorabgeschätzt etc.) und außerdem auch immer wieder gezielt nachgeahmt werden können.

Betrachtet man die derzeitige technische Realität, so hat dies durchaus Gültigkeit. In vielen Teilen der Welt bedienen Menschen zum Beispiel Kriegsgeräte, deren Funktionsweise mit großer Wahrscheinlichkeit in der Gesamtheit keinem einzelnen Menschen mehr vollständig zugänglich ist – am allerwenigsten jenen, die diese Geräte bedienen. Ich selbst sitze vor einem elektronischen Rechner und tippe diese Zeilen mit geradezu beängstigendem Unwissen darüber, wie dies im Detail funktioniert. Damit ist der Beweis der in diesem Sinne verstandenen wissenschaftlichen Objektivität letztlich erbracht: Die Geräte sind von sehr vielen Menschen – unabhängig von deren gerätespezifischem Wissensstand – einsetzbar (verwendbar, brauchbar etc.). Das Problem hat sich lediglich insofern verändert, als dass so manche „marodierende Soldateska" heute mit Fernlenkraketen agiert, anstatt wie anno dazumal Schädel einzuschlagen.

Menschen, die das Kriterium der absoluten Objektivität anwenden, um Wissenschaft und WissenschaftlerInnen zu definieren, argumentieren in diesem Zusammenhang häufig mit *Neutralität.* So berichtet Richard Feynman[3] darüber, dass John von Neumann – dieser gilt übrigens als einer der Miterfinder des elektronischen Rechners – ihn darauf hingewiesen habe, nicht für die Welt verantwortlich zu sein, in der er lebt.

Das bedeutet, ein wissenschaftlicher Raum von absoluter Objektivität wäre mit Menschen bevölkert, die leidenschaftlich gerne die Natur beobachten, beschreiben und daraus

3 Vgl. Richard Feynman: *Surely You're Joking Mr. Feynman.* London: Vintage 1992, S. 132.

Vorgänge ableiten und automatisieren. Dies alles in möglichst großer Distanz zur übrigen Gesellschaft, für deren Treiben die WissenschaftlerInnen sich nicht verantwortlich fühlen. Pathetisch, nämlich mit den Worten eines Schlagertextes[4] ausgedrückt, wäre das die Position des Mädchens, dass zwei Verehrern gegenüber *neutral* äußert: „Ich will als Fremde nur erleben, wie hier die Fischer Feste geben. Wem ich zum Fest gehör', ist eure Wahl." Freilich sind die beiden betroffenen Fischer mit der Entscheidung überfordert. In den Kontext dieses Essays übertragen: Ich will lediglich wissenschaftlich tätig sein, für wen ist eure Wahl. Das „Eure" verweist hier auf eine außerhalb des wissenschaftlichen Raumes liegende Instanz. Insofern ist in einem wissenschaftlichen Raum dieser Art weder Macht noch Verantwortung ein Thema, es kommt lediglich darauf an, die Gunst außenstehender Verantwortlicher zu gewinnen. Ob das Wissen zum Kernspaltungsprozess für den Bau von Kraftwerken oder Waffen verwendet wird, liegt nach dieser Lesart nicht mehr in der Verantwortung der WissenschaftlerInnen: Die Sache, in dem Fall der Kernspaltungsprozess, *ist tatsächlich neutral.*

Sachlich zu bleiben in Bezug auf Sachen, ist überspitzt formuliert durch die Wehrlosigkeit der Sachen an sich außer Streit gestellt, damit ist jedoch noch nicht beantwortet, ob eine absolut gesetzte Objektivität tatsächlich ein gültiges Kriterium für Wissenschaft sein kann. Denn – Freiheit der Entscheidung *voraus-gesetzt*[5] – steht hier eine menschliche Meinung einer anderen gegenüber. Das bedeutet, so gültig das Sachargument und die damit zusammenhängende absolute Objektivität auch sein mag, die Entscheidung, ob ich mich dem Argument

4 Tommy Steiner: Das Boot mit den beiden Fischern von San Juan. 1983. https://www.youtube.com/watch?v=RayYmMzGqZw (Zugriff am 24.01.2015).

5 *Voraus-gesetzt* ist hier deshalb hervorgehoben, weil Freiheit ein Begriff ist, dessen Definition sich selbst widerlegt. Freiheit ist z. B. Freiheit der Wahl, die nach dieser eben keine mehr ist. Ebenso verhält es sich bei *Freiheit der Entscheidung,* auch diese muss irgendwann entschieden – also: *voraus-gesetzt* – worden sein.

beuge oder nicht, ist und bleibt zwangsläufig meine eigene. Die Konsequenzen des Publikmachens der Entscheidung für meine Person sind jedoch bestimmt durch Machtkomplexe und deren *Objektivität* oder – trivial ausgedrückt – *durch die herrschende Meinung*. Gedanken sind zwar frei, deren Äußerung kann jedoch sehr diverse Konsequenzen haben, was auch *die Freiheit der Wahl* entsprechend *relativiert*.
Das Paradoxe daran ist, dass jene Menschen (WissenschaftlerInnen?), denen der Beweis der Objektivität ihrer Leistungen insofern gelungen ist, als diese die Gültigkeit naturwissenschaftlicher Gesetzmäßigkeiten unabhängig vom Menschen an sich dargelegt haben, meist auch mit anderen Menschen konfrontiert sind. Um auf besagten Apfel zurückzukommen: Der Apfel fällt, wie er fällt. Es lag bei Newton, dies als interessant oder uninteressant einzustufen, und es bedurfte zumindest eines weiteren Menschen, dieses Interesse mit Newton zu teilen oder eben nicht. Zumindest ein Teil des Problems liegt damit nicht in den Naturgesetzen, sondern in der menschlichen Anwendung derselben. Ob die Naturgesetze oder deren Anwendungen wichtiger sind, ist wiederum eine ausschließlich von Menschen zu entscheidende Frage.
So neutral die *absolute Objektivität* erscheinen mag, so unhaltbar ist sie in Bezug auf menschliche Interessen. Deshalb ist *Macht* – eine historisch gewachsene Entsprechung von Gewalt – unweigerlich eine Komponente, mit der Menschen konfrontiert sind. Aus dem bisher Vorgebrachten ergibt sich folgende Differenzierung:

D^{+}) Wird durch das Kriterium von absoluter Objektivität ein sogenannter wissenschaftlicher Raum abgesteckt, so sind offen angesprochene Machtfragen außerhalb des Raums angesiedelt. Im Extrem des Schwarz-Weiß-Kontrasts dieses Essays tragen WissenschaftlerInnen innerhalb eines so definierten Raums keine Verantwortung für die Verwendung, sondern lediglich für die Funktionalität der erzielten Ergebnisse.

D) Existieren innerhalb einer Gesellschaft sowohl absolute Objektivität als auch Prozesse für eine Wahrheitsfindung – im Sinne des Abgleichens unterschiedlicher Meinungen und Interessen – durch Dialog und Diskurs, so sind Machtfragen offen und allgegenwärtig. Hier ist meines Erachtens auch das „anything goes“[6] von Paul Feyerabend angesiedelt.

Egal welcher der beiden Extrempole von WissenschaftlerInnen angestrebt wird, menschlicher Verantwortung ist dabei nicht zu entgehen. Es zeigt sich, dass der aus dem wissenschaftlichen Raum der *absoluten Objektivität* verbannte *menschliche Faktor* nun seine Wirkung in anderen (politischen, sozialen, kulturellen) Räumen entfaltet. Die Existenz solcher Räume ist bei genauer Betrachtung eine idealtypische Abstraktion von etwas eigentlich Unteilbarem.
WissenschaftlerInnen, die als Untersuchungsgegenstände Objekte in Form von Dingen haben, sind *eben auf Grund dieser Tatsache* dazu geneigt, Wissenschaft insgesamt an absolute Objektivität anzunähern beziehungsweise diese als Kriterium für Wissenschaftlichkeit abzuverlangen. Bezogen auf Forschungsfelder, die damit konfrontiert sind, dass das Beforschte bzw. die Beforschten (zum Beispiel menschliche Körper) nicht mehr in der Lage sind, autonom zu entscheiden – zum Beispiel komatöse Patienten in der Medizin – ist dies eine prinzipiell sinnvolle Vorgehensweise.
WissenschaftlerInnen, die als Untersuchungsobjekte Menschen bzw. Gesellschaften insgesamt – oder Teile davon – haben, stehen immer vor dem Problem der Grenzziehung zwischen sich selbst als ForscherInnen und dem beforschten Objekt. Besonders augenscheinlich wird das dann, wenn WissenschaftlerInnen jene Organisation beforschen, der sie

6 Vgl. Paul Feyerabend: *Erkenntnis für freie Menschen.* Frankfurt am Main: Suhrkamp 1980, S. 97–99.

selbst angehören.[7] Georges Devereux äußert dazu, dass die „wissenschaftliche Erforschung des Menschen […] durch die angsterregende Überschneidung von Objekt und Beobachter behindert"[8] wird.

An dieser Stelle ist es meines Erachtens interessant, den von Geyer (siehe oben) erwähnten Zusammenhang zwischen „Schicksalen erlauchter Köpfe" (Individuen) und Institutionen wieder aufzugreifen. Einer Argumentationslinie von Peter Heintel folgend wird der Bereich des Politischen „überall dort gesehen, wo über indirekt, d. h. nicht über unmittelbares emotionelles Binnenleben, vermittelte Kommunikation, Miteinanderleben geregelt werden soll bzw. muss".[9] Mit dieser Definition kann festgestellt werden, dass das Politische in Gesellschaften allgegenwärtig ist.

Als konkretes Beispiel sei hier die Interventionswissenschaft, die die persönliche Spezialisierung des Autors darstellt, angeführt. Innerhalb des österreichischen wissenschaftlichen Raumes ist die Interventionsforschung (noch!) institutionell verankert.[10] Dies ist keineswegs gesichert. Ein Institut weniger kann für andere mehr Anteil an Forschungsgeldern und Stellen bedeuten. Der Konkurrenzkampf um Forschungsgelder besteht aus dem Buhlen um die Gunst jener Institutionen, die diese Gelder vergeben. Die Entscheidungsgrundlagen bilden dabei meist sogenannte Projektanträge. Dabei handelt es sich bei Projekten um geplante Vorhaben, für die Mittel eingeworben werden sollen. Geht es bei dem Vorhaben darum, innovative Produkte und/oder technische Prozesse zu entwickeln, so ist das Ergebnis, zum Beispiel der Prototyp eines Messgerätes

7 Roland J. Schuster: Verwirklichung von „lernender Organisation" durch Interventionsforschung. In: *Wirtschaft und Management. Schriftenreihe zur wirtschaftswissenschaftlichen Forschung und Praxis* 14 (Juni 2011), S. 61–79.

8 Georges Devereux: *Angst und Methode in den Verhaltenswissenschaften*. Frankfurt am Main: Suhrkamp 1992, S. 17.

9 Peter Heintel: *Politische Bildung als Prinzip aller Bildung*. Wien: Jugend und Volk 1977, S. 93.

10 Siehe hierzu http://www.uni-klu.ac.at/iff/ogi/inhalt/1.htm (Zugriff am 09.03.2015).

für spezielle Stoffe im menschlichen Speichel, meist ein klar abgrenzbares Endprodukt.

Im Gegensatz dazu arbeiten interventionswissenschaftliche Projekte mit und in sozialen Feldern und können als Ergebnis Aussagen – im Sinne von Feedback – von beteiligten Personen liefern und/oder Personen bzw. Personengruppen bei Entscheidungsfindungen unterstützen. Solche Ergebnisse sind weit weniger konkret als ein Produkt. Vor allem aber betreffen die Ergebnisse das beforschte System selbst. Dadurch werden bei Vorankündigung dieser Ergebnisse in Projektanträgen oft massive Ängste freigesetzt. Allein der Umstand, dass das Thematisieren von Macht Teil des Forschungsprozesses ist, kann zur Ablehnung von Interventionsforschungsprojekten beitragen.

Aus meiner Erfahrung besteht nun der fundamentale Existenzkampf innerhalb der Gesellschaft darin, dass jene Menschen (WissenschaftlerInnen?), welche die oben angeführte Variante D^+ favorisieren, Ängste und anderes Unbewusstes eher in Produktentwicklung bündeln, während jene, die Variante D^- bevorzugen, Ängste und anderes Unbewusstes der beforschten Systeme zu heben trachten, um diesen in weiterer Folge einen größeren Denk-Raum für neue Lösungen zu eröffnen. Das bedeutet: Aus Sicht von WissenschaftlerInnen D^+ sind D^--AnhängerInnen lediglich übersensible UnruhestifterInnen, die von einer notwendigen Fokussierung ablenken. Umgekehrt sehen WissenschaftlerInnen D^- in D^+-AnhängerInnen unreflektierte AktionistInnen, die ihren Aktionismus dazu verwenden, ihre Ängste auszuagieren und damit zwar Produktivität garantieren, aber nachhaltige Lösungen verhindern.

Dieser Existenzkampf findet seinen Ausdruck in der Interaktion mit jenen Institutionen, die für Mittelverteilungen zuständig sind. Finden sich dort Persönlichkeiten, die ihre Ängste durch möglichst klar strukturierte und in der Voraussage von Ergebnissen sehr deutliche Projektanträge abbauen, so werden verstärkt Vorhaben der Kategorie D^+ finanziert.

Das Fazit aus interventionswissenschaftlicher Perspektive ist, dass unweigerlich vorhandene Macht lediglich durch Thematisieren und bewusstes politisches Agieren bearbeitet werden kann. Als ein Mensch, der selbst ausgiebig Gebrauch macht vom technischen Fortschritt, sehe ich durchaus dessen positive Seiten. Es ist mir jedoch auch ein Anliegen, die Kluft zwischen den ‚erlauchten Köpfen', den ‚politischen Regimen' und *den von diesen beherrschten Massen* zu verringern, indem ich deutlich aufzeige, dass eine sich auf Objektivität berufende Wissenschaft auch als Flucht aus politischer Verantwortung gesehen werden kann. Interventionswissenschaft ist für mich eine Möglichkeit sowohl im Mittelfeld, nämlich interdisziplinär, als auch am äußersten Rand von *D*', nämlich transdisziplinär, diese politische Verantwortung anzunehmen und trotz dieser Disziplinlosigkeit – oder eigentlich gerade deshalb auf eine Verbesserung der lebensweltlichen Verhältnisse hinzuarbeiten.

Dem Dilemma erlegen

Vom Umgang mit Ambivalenz an der Universität und einem verräterischen Nachruf

Doris Pany

Ambivalenz, verstanden als ein Ineinander-Verwoben-Sein des Konträren, einander Widerstreitenden, hat seit gut einem Jahrhundert große Anziehungskraft als analytische Kategorie: Sigmund Freud bediente sich des Begriffs in *Totem und Tabu* (1912/13), um das spannungsträchtige Verhältnis zwischen Triebimpuls und Verbot zu charakterisieren, das gemäß seiner Tiefenanalyse sowohl Tabus in Stammesgesellschaften als auch modernen Zwangsneurosen zugrundeliegt.[1] Aus soziologischer Perspektive gilt für gewöhnlich Georg Simmel als „Entdecker jenes Zwischenreiches von Gelöstheit und Fixiertheit, Distanz und Nähe, Gleichgültigkeit und Engagement"[2], als das er die großstädtische Moderne in ihrem Changieren zwischen Freiheitszugewinnen und sozialer Einschnürung,

1 Vgl. Sigmund Freud: *Totem und Tabu. Einige Übereinstimmungen im Seelenleben der Wilden und der Neurotiker.* Frankfurt am Main: Fischer 2007, S. 74–83. Zur Produktivität des Ambivalenz-Konzepts bei Freud siehe auch Daniela Finzis Beitrag in diesem Band.

2 Heinz Otto Luthe / Rainer E. Wiedenmann: Einleitung. In: Dies. (Hrsg.): *Ambivalenz. Studien zum kulturtheoretischen Gehalt einer Kategorie der Erschließung des Unbestimmten.* Opladen: Leske + Budrich 1997, S. 9–34, hier S. 19. Dazu zu bemerken ist allerdings, dass Simmel den Begriff ‚Ambivalenz' selbst nicht verwendet.

Vereinsamung und Vermassung charakterisiert hat.[3] In den frühen 1990er Jahren zog dann Zygmunt Baumann das Konzept für eine Deutung von ähnlich epochalem Anspruch heran. Während sich die Moderne durch ein vergebliches Streben nach Eindeutigkeit und klaren Ordnungen kennzeichne und damit beständig neue Ambivalenzen produziert habe, habe sich die Postmoderne von diesem aussichtslosen Trachten nach Widerspruchsfreiheit gelöst und damit begonnen, sich auf das Bestehen von Ambivalenzen einzulassen.[4]

Ohne hier die Reichweite von Baumans Diagnose grundsätzlich in Frage stellen zu wollen, sei dennoch festgehalten, dass es gesellschaftliche Bereiche und Institutionen gibt, innerhalb derer gar keine Rede von einem Sich-Einlassen auf Ambivalenzen sein kann. Zu diesen Institutionen gehört die Universität. Sie kultiviert ein ostentativ auf Klarheit und Transparenz gerichtetes Selbstverständnis und präsentiert sich bei offiziellen Anlässen, in Leitbildern und Werbebroschüren als Ort intellektueller Unabhängigkeit und freier Wissensproduktion. Diesem Narrativ zufolge ist die Universität ein überwältigender Ermöglichungsraum, welcher der Gesellschaft je nach Bedarf als Entwicklungsmotor, Think Tank, gedankliches Experimentierfeld oder unbestechlicher Spiegel dient und darüber hinaus dem und der Einzelnen die Chance eröffnet, sich intellektuell zu entfalten, zum kritisch-autonomen Subjekt heranzureifen sowie sozial und finanziell aufzusteigen.

Dieses offizielle Selbstbild der Universität stimmt erstaunlich genau mit dem Wunschbild überein, das diejenigen von ihr zeichnen, die sonst bereit sind, die universitäre Realität harsch zu kritisieren. Besonders deutlich zeigt sich das an den Stellungnahmen und Positionstexten, die anlässlich der

3 Vgl. Georg Simmel: Die Großstädte und das Geistesleben. In: Ders.: *Aufsätze und Abhandlungen 1901–1908*, Bd. 1, hrsg. v. Heinz-Jürgen Dahme / Otthein Rammstedt. Frankfurt am Main: Suhrkamp 1983, S. 116–131.

4 Vgl. Zygmunt Bauman: *Moderne und Ambivalenz. Das Ende der Eindeutigkeit.* Hamburg: Junius 1992.

Uni-Proteste 2009/10 erschienen sind.[5] Dort alternierte regelmäßig die Klage über die neoliberal und unternehmerisch verfasste Universität, die ihre Angehörigen durch quantifizierende Kontrolle zu ersticken drohe, mit der Beschwörung genau jenes schillernden Freiheitsversprechens, das einzulösen die Universität in ihrem offiziellen Selbstbeschreibungsdiskurs für sich in Anspruch nimmt. Für die KritikerInnen scheinen demnach zwei Universitäten zu existieren: einerseits ein durch Verschulung, ECTS-Fixiertheit, Zwang zur Drittmittelakquise und Kennzahlenhörigkeit bedingtes Unterdrückungsinferno und andererseits ein Reich geistiger Freiheit und intellektueller Selbstverwirklichung.

Diese seltsam gespaltene Wahrnehmung der Universität ist allerdings auch denjenigen nicht fremd, die sich als ihre FunktionärInnen des offiziellen universitären Selbstbeschreibungsdiskurses befleißigen. Dass dieser offizielle Diskurs nur einen Teil der universitären Wirklichkeit abbildet, wissen sie ganz genau. Denn zu genau kennen sie die Universität als hierarchisches Gefüge, in dem tagtäglich Verteilungskämpfe um Ressourcen, Macht und Einfluss ausgetragen werden. Und zu genau wissen sie, dass im Zuge dieser Kämpfe Haltungen wie intellektuelle Großzügigkeit, soziale Verantwortung oder andere auf Gerechtigkeit und Solidarität zielende Einstellungen, für welche die Universität idealer Nährboden zu sein beansprucht, ganz und gar suspendiert sind. Anders als die KritikerInnen stellen diese InsiderInnen aber kaum je explizit die gute Dr.-Jekyll- der bösen Mr.-Hyde-Universität gegenüber. Über letztere äußern sie sich allenfalls vage, verklausuliert, im Kreis von Vertrauten oder in Momenten der Wut oder Erbitterung. Diese Tatsache veranlasste die Gesellschaft für Hochschulforschung 2014 dazu, ihre Jahrestagung dem Thema *Tabus an der Hochschule* zu widmen. Intention der Tagung war es, das „nur in Hinterzimmern Diskutierte bzw.

5 Vgl. u. a. Unbedingte Universitäten (Hrsg.): *Was passiert? Stellungnahmen zur Lage der Universität.* Zürich: Diaphanes 2010.

wortlos und heimlich Praktizierte"[6] ans Licht zu bringen. Die Bandbreite der analysierten Phänomene reichte von professoralen Eitelkeiten und Habitusfragen über die Ausbeutung des wissenschaftlichen Mittelbaus bis hin zu sexueller Belästigung und sexuellem Missbrauch.[7]

Es ist bezeichnend, dass diese aus dem offiziellen Diskurs verbannten Themen von den OrganisatorInnen der Tagung als ‚Tabus' beschrieben werden; beruhen doch Tabus nach der psychoanalytischen Deutung Freuds auf einem „verbotene[n] Tun, zu dem eine starke Neigung im Unbewussten besteht."[8] Gerade weil eine solche unbewusste Neigung existiert, bedarf es Freud zufolge eines machtvollen Verbots, das von den Mitgliedern einer Gemeinschaft verinnerlicht wird. Im Kontext Universität ließe sich diese geheime Neigung mit der Machtfülle in Verbindung bringen, mit der die Institution diejenigen ausstattet, die es an die Spitze der akademischen Hierarchie geschafft haben. Die an deutschen Universitäten üblichen umfassenden Machtbefugnisse von ProfessorInnen nähren zweifellos das Begehren, diese meist im Laufe vieler Jahre der Ohnmacht und Abhängigkeit errungenen Macht- bzw. Herrschaftsansprüche ohne Rücksicht auf Verluste einzulösen. Was solchen Impulsen einen Riegel vorschieben soll, ist das hohe Ethos, das die Universität ihren Angehörigen in ihren offiziellen Diskursen abverlangt. Folgt man einer 1998 verabschiedeten Resolution des Deutschen Hochschulverbandes, beinhaltet dieses Ethos unter anderem „Unparteilichkeit des Geistes"[9], „Mut zur Wahrheit"[10], „Distanz des Wissenschaftlers zu sich

6 Gesellschaft für Hochschulforschung/Zentrum für Hochschulbildung: Call for Papers. Tabus an der Hochschule. http://www.gfhf.net/fileadmin/user_upload/Jahrestagungen/2014/CfP_Neunte_Jahrestagung_der_Gesellschaft_fuer_Hochschulforschung_01.pdf (Zugriff am 15.04.2015).

7 Vgl. ebd.

8 Freud: *Totem und Tabu*, S. 81.

9 Deutscher Hochschulverband: Leitsätze zum Beruf des Hochschulprofessors. Eine Resolution des Deutschen Hochschulverbandes. In: *Forschung&Lehre* 7,89 (1998), S. 351–352, hier S. 351.

10 Ebd.

selbst"[11] oder auch dessen Bereitschaft, den wissenschaftlichen Nachwuchs „mit dem Ziel [zu fördern], daß seine Schüler über ihn hinauswachsen".[12] Solche Forderungen wirken angesichts der universitären Alltagsrealität nicht nur ein wenig überzogen, sondern sie vermehren in ihrem Overstatement auch das Ambivalenzpotential der Universität.

Ambivalenz an der Universität entspringt also einerseits dem Spannungsverhältnis zwischen professoraler Machtfülle und den sie limitierenden Idealen. Andererseits treibt sie aus konfligierenden Anforderungen hervor, die von außen an die Universität herangetragen werden. Wenn etwa die Politik von der Universität sowohl eine Arbeitsmarktorientierung der Ausbildung als auch die Erfüllung eines humanistischen Bildungsauftrags fordert, kommt es innerhalb der Institution zu einem Interferieren verschiedener Systemlogiken, die nicht zugleich bedient werden können. Die Disparatheit dieser und ähnlicher Ansprüche an die Universität spiegelt sich übrigens im zuvor erwähnten Doppeldiskurs von Verherrlichung und Klage, wie er die Proteste von 2009/10 prägte. Dass solche Ambivalenzen nicht notwendigerweise Ausdruck von Fehlentwicklungen oder Aberrationen sind, hat Robert K. Merton 1976 in seinem mittlerweile kanonischen Beitrag zur soziologischen Ambivalenz-Theorie gezeigt. In *Sociological Ambivalence* stellt Merton als „major characteristic of social institutions" heraus, „that they tend to be patterned in terms of potentially conflicting pairs of norms."[13] InhaberInnen bestimmter Rollen in Institutionen sind nach Merton stets mit widersprüchlichen Anforderungen konfrontiert, die sie nicht gleichzeitig erfüllen können.[14] Wie Merton in dem Kapitel „Ambivalence of Scientists" darlegt, gehört beispielsweise eine in vorbehaltlose Nachwuchsförderung einmündende Lehre zu den vornehmsten Pflichten

11 Ebd.

12 Ebd., S. 352.

13 Robert K. Merton: *Sociological Ambivalence and Other Essays.* New York: Free Press 1976, S. 33.

14 Vgl. ebd., S. 8.

von ProfessorInnen. Auf der anderen Seite jedoch ist es WissenschaftlerInnen untersagt, ihre Ressourcen in der Lehre so zu verausgaben, dass sie gegen ihre Verpflichtung verstoßen, stets nach der Gewinnung neuer Erkenntnisse zu streben.[15] Angesichts dieser Spannungsfelder und Widersprüchlichkeiten müssen die AkteurInnen nach Merton die Herausforderung meistern, „to blend […] imposed inconsistencies into reasonably constistent action."[16] Dies würde allerdings erfordern, dass sie sich institutionell bedingte Inkonsistenzen bewusst machen und ihren Blick für die Ambivalenzen des universitären Kontextes schärfen. Sie müssten den offiziellen Universitätsdiskurs und die idealen Selbstbilder der Academia ebenso reflektieren wie sie das Ambivalenzpotential der eigenen Rolle ausloten müssten. Es ginge darum, die Rollenangebote, die die Universität für AkteurInnen auf verschiedensten Hierarchie-Ebenen bereithält, empathisch und realistisch zu bewerten sowie Machtfragen und Phänomene des Machtmissbrauchs offen zu diskutieren. Der produktive Umgang mit Ambivalenzen setzt mit einem Wort eine erhebliche analytische und ethische Anstrengung voraus. Freilich ist es keineswegs einfach, im von tausenderlei Pflichten geprägten universitären Alltag eine solche Anstrengung zu unternehmen. Hinzu kommt, dass AkteurInnen, die es an die Spitze der akademischen Hierarchie schaffen wollen, ohne einen festen Glauben an das System und seine selbstaffirmierenden Narrative meist gar nicht auskommen. Wer Erfolg haben will, darf mit Bourdieu gesprochen die ‚illusio' des Feldes nicht ernsthaft hinterfragen. Denn nur so wird es AkteurInnen möglich, den notwendigen Einsatz an Zeit, Mobilität, Selbstkontrolle und Leidensbereitschaft zu erbringen.

Wie sehr es dennoch einer umfassenden Reflexions-, Analyse- und (Selbst-)Distanzierungleistung bedarf, wenn an der Universität ein produktiver Umgang mit Ambivalenzen gelingen soll, möchte ich im Folgenden anhand eines akademischen

15 Vgl. Merton: *Sociological Ambivalence and Other Essays*, S. 34.
16 Ebd., S. 33.

Nachrufs zeigen. Es handelt sich um einen Nekrolog, den ein deutscher Ordinarius zu Beginn der 2010er Jahre in einer philologischen Fachzeitschrift publiziert hat. Er widmet ihn einem Mitglied seines Instituts und unternimmt im Text den Versuch, sich den konfligierenden Normen zu stellen, die ihm aus seinem akademischen Status, seinen ideologischen Überzeugungen und den Machtstrukturen erwachsen, welche sein wissenschaftliches und institutionelles Umfeld prägen. Ganz offensichtlich leitet ihn dabei die Absicht, sich über die Regeln und Usancen der akademischen Memorialkultur hinwegzusetzen. Es geht ihm darum, seine Position als Professor zu nutzen, um die institutionellen und akademischen Verdienste eines Kollegen und Freundes sichtbar zu machen, der aufgrund seiner Position am unteren Ende der akademischen Hierarchie nach den üblichen Bewertungsmaßstäben der Community eigentlich nicht als nachrufwürdig gelten kann. Der Ambivalenzbewältigungsversuch des besagten Ordinarius muss auf ganzer Linie als gescheitert gelten – so viel sei schon vorweggenommen. Sein Scheitern ist jedoch äußerst aufschlussreich: Es lässt die Fallstricke und Schwierigkeiten erkennen, mit denen AkteurInnen rechnen müssen, wenn sie sich im universitären Kontext um systemkritische Haltungen, Interaktionsformen und Diskurse bemühen. Der Nachruf findet sich im Folgenden in fast voller Länge zitiert. Gemäß der Intention des vorliegenden Beitrages, exemplarisch universitäre Mechanismen, Dynamiken und Strukturen aufzuzeigen und nicht Individuen zu kritisieren, wurden alle Eigennamen, Toponyme und anderen Hinweise auf die Identität des Verstorbenen und des Nachrufschreibers abgeändert.

Peter Dengelmann

In memoriam
Dr. Wilhelm Schulze (1936–2011)

„Gefährte, Gefährte meiner Seele"

Friedrich Schulze als einen wichtigen Trierer Slawisten zu würdigen, wird nicht überall mit Beifall bedacht werden. Mehr als dreißig Jahre nach den durch die Reformdiskussionen in den 60ern ausgelösten

Veränderungen sind die allseitigen Verletzungen, Kränkungen, Schläge und Rückschläge nicht vergessen. Gerade deshalb gilt es, sich an Schulze zu erinnern. Ohne Zweifel hat seine Persönlichkeit die Slawistik an der Universität Trier in den vergangenen gut drei Dekaden mit geprägt. Sein scharfer Verstand und seine noch schärfere Zunge, seine Beharrlichkeit wie seine leidenschaftliche Wissenschaftlichkeit gaben den Debatten um Begründung und Zweck der Geisteswissenschaften, ihre Eigenart und die Möglichkeit ihrer Überschreitung, um Inhalte und Formen der für die Philologien lebenswichtigen Lehrerausbildung entscheidende Impulse für eine langfristige Entwicklung. An seiner Kritik schieden sich die Geister.

Schulze studierte Klassische und Slawische Philologie in Trier und war dort von Anfang der 60er bis Mitte der 70er Jahre, zuletzt als wissenschaftlicher Assistent tätig. Seine streng formalen Verfahrensweisen verschriebene Dissertation „Die bulgarische Pastorelle“ (1966) wurde zu einem immer noch zitierten, international anerkannten Standardwerk. Aber wie nicht wenige seiner Generation rieb er sich schnell an den Grenzen einer ängstlich philologischen Disziplin. Sein philosophisch und methodologisch gehärteter 50seitiger Aufsatz „Marko Kraljević und das südslawische Heldenepos“ (1969) zeigt die Spuren einer Diskussion, die nicht zuletzt durch Ludolf Müller auf dem Marburger Slawistentag von 1968 angeregt wurde. Ich lernte „Willi“ in diesem Ambiente kennen, und unsere Freundschaft, die sich im August 1968 an der kroatischen Adria nicht nur mit dalmatischem Postup rot zu färben begann, hielt seit diesen Tagen. Dass ich 1974 die Nachfolge Gerhard Wehlers antreten konnte, verdanke ich auch seinem Engagement.

Seine erste Wahl war ich nicht. Denn so streng wie er mit anderen ins Gericht gehen konnte, so streng war „Schulzi“ auch gegen Freunde und gegen sich selbst. Nicht zufällig taufte er mich „Drängelmann“, weil ich zielstrebig auf eine Professur hinsteuerte.

Er war sich selbst nicht geheuer. Er müsse noch an sich arbeiten, wisse noch nicht genug, hieß es immer wieder, wenn ich ihn dazu aufmuntern wollte, sich ohne Habilitation oder zweites Buch den damals eingeführten „Hearings“ zu stellen. Einmal fuhr es aus mir heraus, Weiterbildung könne man ja auch noch auf einer Stelle betreiben. Schließlich gab es ein „zu spät“: seine Assistentenzeit lief ab, und gleichzeitig ging die Konjunktur für Reformer zu Ende. Selbstzweifel einerseits, wieder einkehrende Duckmäusigkeit und offene Vergeltung andererseits machten einer viel versprechenden akademischen Karriere ein vorzeitiges Ende. Was Schulze zu leisten im Stande war, zeigen noch seine nach der Entlassung als Assistent publizierten Aufsätze zu Max Vasmer (1975 und 1981), die Einforderung einer praktischen, auf Zeugnisse fundierten Rezeptionsanalyse am Beispiel der Werke von Zahari Stoyanov (1976) und seine immer noch gültige Studie zur Autobiographik des Sophronius von Wraza (1979).

Schulze hat sich über den weiteren Verlauf seines Lebens als Sprachlehrer und Direktor verschiedener privater Schulen nie beklagt. Er sah sich nicht als Opfer. Seine Leidenschaft galt weiter den slawischen Sprachen und Literaturen – dem Kanon wie den Erneuerungen. Nach seiner Pensionierung und in Kontexten, zu deren Entstehen er beigetragen hat, konnte er über einen Lehrauftrag an der Trierer Slawistik noch vielen Studierenden den dringend benötigten Kontakt zur bulgarischen Gegenwartsliteratur vermitteln – in gewohnter philologischer und methodischer Strenge und mit der Begeisterung des leidenschaftlichen Lesers. Am 1. November ist Wilhelm Schulze einem langen, stoisch gelebten Krebsleiden erlegen.

Verstoß gegen die Spielregeln

Traditionell nehmen Lehrbeauftragte in der universitären Hierarchie die untersten Ränge ein. Ursprünglich als Möglichkeit gedacht, PraktikerInnen in die universitäre Lehre einzubinden, erfährt der Lehrauftrag heute vor allem zweierlei Nutzungen: Er dient zum einen als relativ kostengünstiges Mittel zur Abdeckung der Pflichtlehre und bietet zum anderen Gelegenheit, NachwuchswissenschaftlerInnen, für die es keine Stellen gibt, mit etwas Geld zu versorgen. In der Regel werden Lehraufträge von stellenlosen DoktorandInnen, Postdocs oder PrivatdozentInnen wahrgenommen. In weitaus selteneren Fällen vergibt man sie an ältere Personen, die wie der Verstorbene einem Institut seit Langem verbunden sind. Das institutionelle wie wissenschaftliche Prestige von Lehrbeauftragten ist äußerst niedrig. Während man jedoch NachwuchswissenschaftlerInnen das Potential für eine künftige Forschungslaufbahn zumindest nicht absprechen kann, haben ältere Lehrbeauftragte keinerlei akademische Zukunftsrendite vorzuweisen. Man beäugt sie daher oft scheel als UsurpatorInnen besser einsetzbarer Ressourcen und nicht selten wünscht man sie sich hinter mehr oder weniger vorgehaltener Hand hinweg. Indem sich der Verfasser des Nachrufs emphatisch (vgl. das Motto des Textes[17]) zu einem solchen Lehrbe-

17 Es entstammt Miguel Hernández' 1935 verfassten *Elegía* auf den verstorbenen Freund Ramón Sijé.

auftragten bekennt und ihm einen Nekrolog widmet, verstößt er im Namen eines Freundschafts- und Solidaritätsideals gleichermaßen gegen die Logik der Hierarchie wie gegen die nekrologische Praxis der Academia, die vorsieht, dass nur Gleichrangige mit Nachrufen geehrt werden.

Fluchtpunkt 1968
„Verletzungen, Kränkungen, Schläge und Rückschläge"

Auf Dengelmanns wohlgemeintem Regelverstoß liegt allerdings von Beginn an ein Schatten. Schon der erste Satz verdeutlicht, dass der Nachruf nicht allein von der Absicht getragen ist, eine hierarchisch-berufsbündische Diskurspraxis aufzubrechen und eine freiere und menschlichere an ihre Stelle zu setzen. Vielmehr durchzieht die Würdigung des Freundes ein defensiver, ressentimentgeladener Ton. Deutlich hörbar wird er, wenn Dengelmann sogleich Gegner, Feinde und Missgünstige heraufbeschwört, die den Nachruf verächtlich finden werden. Bei diesen Widersachern handelt es sich um diejenigen, die im Zuge der Umwälzungen von 1968 auf der gegnerischen Seite standen und „die allseitigen Verletzungen, Kränkungen, Schläge und Rückschläge" verantworten, die der Nachrufschreiber offenbar auch nach gut 40 Jahren noch nicht verwunden hat. Diese anhaltende Empfindung des Gekränktseins hat den positiven Effekt, dass Dengelmann den akademischen Kosmos offen als Ort von Konkurrenz und Konfrontation beschreibt. Er nähert sich dabei sogar Bourdieus Diktion aus dem *Homo academicus* an, nach der das „universitäre Feld – wie jedes andere auch – Stätte der Auseinandersetzung und des Kampfes ist".[18] Darüber hinaus bestätigt Dengelmann noch eine weitere Bourdieu'sche Diagnose, nämlich dessen Analyse der krisenhaften Verschiebung der universitären Kräfteverhältnisse, die 1968 mit sich brachte. Wie Bourdieu für den französischen Kontext erläutert und

18 Pierre Bourdieu: *Homo academicus*, aus d. Frz. v. Bernd Schwibs. Frankfurt am Main: Suhrkamp 1992, S. 45.

Dengelmanns Berufsbiographie auch für Deutschland belegt, gab für die einschneidende Veränderung eine Konstellation den Ausschlag, in der die traditionellen akademischen Rekrutierungsnormen für Professuren (Habilitation oder Vorlage einer zweiten Monographie) zeitweilig außer Kraft gesetzt waren. Dies hatte zur Konsequenz, dass vermehrt Personen mit alternativen, antihierarchischen ideologischen und wissenschaftlichen Ansätzen Professuren und Lehrstühle besetzen konnten. Damit öffneten sich die Gräben zwischen zwei Gruppen, die, wie Bourdieu formuliert, nach „unterschiedlichen Modi der *akademischen Erzeugung* produziert wurden."[19] Die Neuen brandmarkten die nach den alten Normen Rekrutierten als Reaktionäre und Fortschrittsverhinderer (von „einer ängstlich philologischen Disziplin" ist bei Dengelmann die Rede). Diese reagierten ihrerseits mit Abwehr und Verachtung auf die Infragestellung der Ordnung, der sie sich selbst unterworfen hatten, und kompensierten den empfundenen Geltungsverlust, indem sie den Neuen ihre wissenschaftliche Anerkennung verweigerten und ihnen den Zutritt zu ihren Zirkeln verwehrten.

Verstrickungen und Verrat

Dieser Konstellation entsprechend zeigt sich beim Versuch, dem Verstorbenen wissenschaftliches Prestige zu bescheinigen, ein weiterer Riss in Dengelmanns Diskurs. Er versucht es zunächst mit schaler Phraseologie und apostrophiert Schulzes Dissertation aus den 60er Jahren überspannt als „immer noch zitiertes, international anerkanntes Standardwerk". Als wäre ihm die Schwäche dieser Formel unterschwellig zu Bewusstsein gekommen, setzt er allerdings gleich einen weiteren Beglaubigungsversuch hinzu und führt eine Autorität des Faches, Ludolf Müller, ein. Angestoßen durch eine von Müller angeregte Diskussion sei ein wichtiger 50-seitiger „philosophisch und methodologisch gehärteter" Aufsatz Schulzes

19 Ebd., S. 237.

entstanden. Nun gehört der etwas ungelenk herbeizitierte Müller zweifelsfrei zur alten Garde. Alles spricht dafür, dass er für die im 68er Modus rekrutierten Professoren nichts als Geringschätzung übrighatte und entsprechend geneigt war, ihnen jegliches wissenschaftliche Potential abzusprechen. Ausgerechnet ihn will Dengelmann als Gewährsmann für Schulzes wissenschaftliches Niveau einsetzen – einen der Widersacher, gegen deren Fachverständnis Schulze und er sich eigentlich erhoben hatten. Im Ringen um akademische Anerkennung verstrickt Dengelmann sich hier auf Kosten Schulzes immer mehr in Widersprüche, die sich im Weiteren zu einem veritablen Verrat am Freund und Weggefährten auswachsen.

Endgültig kippt der Nachruf in dem Moment, in dem Dengelmann explizit auf sich selbst und sein Verhältnis zu Schulze zu sprechen kommt: Zunächst unterstellt er Schulze überhöhte Vorstellungen vom Wissen und Können eines Universitätsprofessors und konstatiert, dass diese ihn daran gehindert hätten, es ihm selbst gleichzutun und sich ohne Habilitation auf eine Professur zu bewerben. Umgekehrt habe Schulze Dengelmann zwar auf seinem Weg nach oben unterstützt, jedoch nicht ohne Vorbehalte: „Seine erste Wahl war ich nicht", entsinnt sich Dengelmann, und: „Nicht zufällig taufte er mich ‚Drängelmann', weil ich zielstrebig auf eine Professur hinsteuerte." An diesem Punkt scheint ihn nun die Erinnerung an so manche berufliche Kränkung und Demütigung zu überwältigen und das verletzte Selbstgefühl in ein Distinktionsbedürfnis umzuschlagen, aus dem heraus Dengelmann gegen den Freund zu wüten beginnt.

Zunächst setzt der Nachrufschreiber die Keule des meritokratischen Prinzips ein. Dieses gehört zu den universitären Kernnarrativen und lautet in etwa folgendermaßen: ‚Das Bestehen im System ist immer ein Ergebnis persönlicher – allenfalls durch glückliche Umstände begünstigter – Verdienste und Fähigkeiten. Ein Ausscheiden dagegen ist stets Konsequenz eigener Fehler und Verirrungen und ganz allein vom

Individuum zu verantworten.‘ In diesem Tenor verbucht Dengelmann Schulzes ‚Ungeheuerlichkeiten‘ („Er war sich selbst nicht geheuer“, schreibt er in aufschlussreicher Wortwahl über den Freund). Bei all seinem Potential habe sich Schulze im entscheidenden Moment als ein rachsüchtiger Duckmäuser erwiesen und sich selber zum Opfer seiner Ängste und Zweifel gemacht: „Selbstzweifel einerseits“, so heißt es im Text, „wieder einkehrende Duckmäusigkeit und offene Vergeltung andererseits machten einer viel versprechenden akademischen Karriere ein vorzeitiges Ende.“ Zugutehalten könne man Schulze letztlich nur den Stoizismus, mit dem er schließlich die Konsequenzen seiner Verfehlungen ertrug und sein trauriges berufliches Los außerhalb der Universität erduldete. Neben Dengelmanns Selbstüberhebung fällt hier auf, dass sich ihm der Gedanke verbietet, es könne auch jenseits der Universitätsmauern befriedigende Laufbahnen geben. Die Institution, der sich Dengelmann mit Leib und Seele verschrieben, in der er triumphiert und gelitten hat, ist für ihn die einzige mögliche Referenz, der einzig mögliche Lebensraum. Ein Phänomen übrigens, das Bourdieu im *Homo academicus* pointiert in den Satz fasst: „Die Oblaten sind stets am bedingungslosesten geneigt zu denken, daß außerhalb der Kirche kein Heil sei“[20].

Der Nachruf des Ordinarius Dengelmann auf den Lehrbeauftragten Schulze ist zutiefst ambivalent. Die Intention des Nekrologs, einen Kollegen und Freund im Zeichen gemeinsamer politischer Ideale zu ehren, verkehrt sich in eine tiefe Demütigung. Der Text verdeutlicht, dass, wer die Universität als Ambivalenzraum verkennt, Gefahr läuft, sich immer tiefer in ihre Ambivalenzen zu verstricken. Es zeigt sich aber auch das Potential eines offenen Umgangs mit den verdrängten und tabuisierten Aspekten des universitären Lebens. Im konkreten Fall wäre es freilich darum gegangen, nicht nur einzuräumen, dass das akademische Feld eines der Kämpfe und Rivalitäten

20 Bourdieu: *Homo academicus*, S. 173.

ist, sondern sich gleichzeitig auch bewusst zu machen, in welchem Maße diese Auseinandersetzungen systembedingt sind und von Positionen im Hierarchiegefüge, Fach- oder Gruppenzugehörigkeiten abhängen. Deutlich wurde zudem, dass das Spannungsfeld zwischen offiziellem Universitätsdiskurs und den realen Arbeits- und Karrierebedingungen der kritischen Aufmerksamkeit bedarf. Im Nachruf wäre beispielsweise das meritokratische Narrativ angesichts der Stellenverteilung in Deutschland (ca. 88 % meistenteils befristeter Mittelbau vs. 12 % ProfessorInnen)[21] zu hinterfragen gewesen. Diese Verteilung verunmöglicht es schlicht, dass all diejenigen, die die Professur nicht erreichen, ihr Ausscheiden ausschließlich ihren eigenen Unzulänglichkeiten zuzuschreiben haben. Schließlich hat der Nekrolog auch gezeigt, wie notwendig eine bewusste Reflexion konfligierender Normen ist. So müsste man sich etwa die Frage stellen, wie sich eine Kritik an der dominanten Auffassung der Disziplin und an jenen, die sie vertreten, mit dem Bedürfnis nach wissenschaftlicher Anerkennung vereinen lässt. Ein Durchdenken dieses Normenkonflikts samt seiner Implikationen wäre dazu angetan, ein Noch-Mehr an Ambivalenz zu verhindern und die Chance auf eine mehr oder weniger konsistente Position zu eröffnen.

21 Vgl. Statistisches Bundesamt: Bildung und Kultur. Personal an Hochschulen 2013. https://www.destatis.de/DE/Publikationen/Thematisch/BildungForschungKultur/Hochschulen/PersonalHochschulen2110440137004.pdf?__blob=publicationFile (Zugriff am 15.04.2015)

ad: Ambivalenz

Bertl Mütter

> „Pflicht oder Neigung – wem soll der Mensch folgen?"
> Geh von persönlichen Beispielen aus.
> Fülle nicht mehr als zweihundert Seiten
> und nicht unter zehn. Zehn Seiten sind Pflicht.
>
> (Robert Gernhardt: *Deutscher Aufsatz*)[1]

Vorbemerkung[2]

Ich bin der Erste meiner Art und bleibe das auch. Sowas kann einem nämlich niemand mehr wegnehmen. *Letzte ihrer Art* bleiben das üblicherweise auch: Wir haben es mit der Randständigkeit einer klassischen *Gaußschen Glockenkurve* (a/k/a *Normalverteilung)* zu tun. Ob letztlich letzteren, den *Letzten* oder ersteren, den *Ersten* ihrer Art eine größere Tragik innewohne, lässt sich im Vorhinein schwerlich nur sagen, es wäre wohl

1 Robert Gernhardt: Körper in Cafés (1987). In: Ders.: *Gesammelte Gedichte, 1954–2006*. Vollst. u. überarb. Ausg. Frankfurt am Main: Fischer 2010, S. 257–258.

2 Ich gebrauche in diesem Text in aller Regel die maskuline Form und meine aber explizit sämtliche (selbst heute noch undenkbare) sog. Genderformen mit; zumindest an einer Stelle stellt diese Vorgangsweise eine gewisse, diskret schützende Anonymität her. In meiner Doktorarbeit *Das Geräusch-das-man-macht-bevor-man-anfängt-zu-dichten. Vom Suchen, Finden, Erfinden, Entdecken des Klangs* (Graz 2013) habe ich es so formuliert: „Wenn ich, der ich über diesen so merkwürdig pluralischen Familiennamen verfüge, das Personalpronomen *wir* verwende, so meine ich dies in dem Sinn, den die grundlegende Grammatik vorgesehen hat: du und ich, ihr und ich, Sie und ich, eben: *uns.* Und da ich als *Mütter* bereits das Femininum eingeschrieben habe, möchte ich festhalten, dass […] immer sämtliche weiteren in Frage kommenden Genderformen ausdrücklich mitintendiert sind, ausgenommen dort, wo es widersinnig oder absurd wäre. Derweil bleibet mein Instrument die Posaune/il trombone/the trombone: Da ist alles drin. (Und viel mehr.)" (Ebd., S. 5, Anm. 3.)

unwissenschaftlich. Vielleicht wird das aber, im Nachhinein, einmal möglich sein.[3] Wer weiß, wann das so weit sein wird? Soviel ist sicher: *Es wird!*

Da wir uns nun bereits – längst! – mittendrin befinden im Schlamassel[4], kann ich bekanntgeben, welcher Art Erster ich nun fürderhin bin: 2013 habe ich an der Kunstuniversität Graz die *Doktoratsschule für das künstlerische Doktoratsstudium* plangemäß absolviert. Man hatte mich als Allerersten aufgenommen, als Allererster bin ich abgegangen, darf mich nun hochoffiziell als *Doctor artium* bezeichnen. Lassen. Jawohl. Seither bin ich keinen Zentimeter gewachsen, allerhöchstens ein wenig um die Mitte. Das will ich mir aber bald wieder futurexakt heruntertrainiert haben: In meinem Alter, es sind die mittleren Jahre[5], muss man auf sich schauen, sonst tut einem allzu früh das Kreuz weh o. Ä. Nun denn, Zeit ist vergangen seither (wir nähern uns den Letzten ihrer Art[6]), Wichtigkeiten haben sich verschoben (zurechtgerückt). Auch die Bitte, diesen Text zu verfassen (*Auftrag* nenne ich nur eine bezahlte Arbeit; nicht minder gerne habe ich ihn sich aus mir herausapern lassen) ist länger als ein Jahr her. Ich darf es als für mich untypisch bezeichnen, wenn mir die Fertigstellung eines

3 Die etwas willkürlich verpartnerte, weil assonante Dichotomie *Lebens-* vs. *Leibes*mitte ist einer ähnlichen Bewertungsproblematik unterworfen: Kann man zu Lebzeiten recht einfach Daten zur Leibesmitte einer Person erheben (mit einem Maßband), lässt sich zugleich nicht oder nur unter besonderen Umständen die Lebensmitte dieser Person feststellen: Zur arithmetisch korrekten Berechnung bedarf es konkreter Angaben zu Geburts- sowohl als aber auch Todeszeitpunkt. Tote nehmen rasch ab an Leibesfülle, wobei die Möglichkeit der Einäscherung (z. B.: Udo Jürgens, dessen Lebensmitte sich bei ziemlich genau 40 Jahren und sechs Wochen ereignete), wie man sagt, hier *außen vor* gelassen werden. (Umgekehrt gilt das Gleiche.)

4 Wer Fußnote 2 gelesen hat, weiß längst Bescheid. Vgl. vor allem aber auch Oliver Hardy, wie er, in etlichen Filmen zwischen 1929 und 1951, die tatsächlichen, bei ihm liegenden Ursachen negierend, Stan Laurel resignierend beschuldigt: „Well, here's another nice mess you've gotten me into." Merke: Man kann sich auch selbst in beinah jedes beliebige Schlamassel manövrieren.

5 Vgl. Josef Haslinger: Die mittleren Jahre. In: Ders: *Der Konviktskaktus und andere Erzählungen*. München: AutorenEdition 1980.

6 *Danke, das hatten wir schon!*

Textes recht zögerlich von der Hand geht – es muss an der Thematik liegen. Und an meinen ambivalenten Erfahrungen.

Aus einer erreichten Distanz

Im universitären Umfeld haben wir es mit professionell von ihren jeweiligen Themen Okkupierten zu tun: Schließlich bestreiten[7] die damit Befassten (Studierende wie Lehrende) ihren intellektuellen und/oder materiellen Lebensunterhalt damit, den jeweils zu erörternden Problemen zentrale Wichtigkeit für die gesamte restliche Welt zuzuschreiben. Mein Kollege und Freund, der Trompeter Thomas Gansch, hat das in einem Interview einmal so benannt:

> Beim Studium war ich am Schluss schon so paranoid, dass ich, wenn ich nach dem Trompetenunterricht durch die Stadt gegangen bin, die Gewissheit hatte, dass die Leute hinter meinem Rücken auf mich deuteten und sich „das ist doch der, der sich eben erst vergickst hat!" zuraunten.[8]

Es gelte: Heuchle bestmöglich, dass du das jeweils zu Betrachtende als das Wichtigste von der Welt ansiehst, und zwar absolut.[9]

Nun, so schlimm ist es vielleicht nicht. Nicht ganz. Ich bin ihnen (wieder einmal) entkommen.[10]

7 …*welch doppeldeutig Wort!*

8 (Zitiert aus dem Gedächtnis, dem Sinn nach).

9 Der *Exkurs: Nabe(l), das A und O* wird sich, weiter unten, dieser Thematik näher (wenn man so sagen kann) annehmen; ich mag es, wenn Themen angerissen werden und ihre Erörterung in Fragmenten (modular) zusammengesetzt werden muss (bzw., eig.: *darf*). Alles hier sei, im Übrigen, Lob des Fragments. Im Übrigen: *absolut,* das klingt doch auffallend ähnlich wie *obsolet.*

10 Vgl. dazu Terry Gilliams dystopisches Endzeitepos *Brazil* (GB 1985). Gilliam zur Schlusspointe des *Entkommens* in einem Interview (1991): „Ich begann diesen Film mit der Frage im Hinterkopf, ob man einen Film machen könne, bei welchem das Happy End ist, dass jemand verrückt wird?"

Entkommen

Vor Kurzem erst habe ich mir tatsächlich zum ersten Mal Milos Formans Film *Einer flog über das Kuckucksnest*[11] angesehen. Knapp, aber rechtzeitig gelang es mir, die Identifikationsfigur zu wechseln, sodass ich zuerst den Betrieb der geschlossenen Anstalt ordentlich umrühren konnte, trotzdem aber schlussendlich als nur scheinbar taubstummer Indianer weiterleben konnte, frei. Es gelte:

> Wenn man doch ein Indianer wäre, gleich bereit, und auf dem rennenden Pferde, schief in der Luft, immer wieder kurz erzitterte über dem zitternden Boden, bis man die Sporen ließ, denn es gab keine Sporen, bis man die Zügel wegwarf, denn es gab keine Zügel, und kaum das Land vor sich als glatt gemähte Heide sah, schon ohne Pferdehals und Pferdekopf.[12]

Ursprünglich hatte ich vor, meinen Text als Sonntagsrede über die im universitären Bereich achso dammlos kommunizierenden Gefäße Wissenschaft und Kunst zu eröffnen, wenn nicht anzulegen. Als Metapher hätte mir das Grüne Band Europa, jene durch den Kalten Krieg[13] absichtsfrei geschaffene Schonzone für seltene Arten in Flora und Fauna an den ehemaligen Grenzen zwischen der sog. Freien Welt und dem Reich des Bösen, vom Nordkap bis zum Schwarzen Meer gedient … „Danke, Herr Doktor Mütter, wir haben verstanden, worum es geht. Bitte fahren Sie jetzt fort und langweilen Sie uns nicht."

Langeweile, das ist doch ein wunderbares Wort! Man sollte es öfter und in seiner wertzuschätzenden Bedeutungsvariante gebrauchen: Manches will Weile, dass es sich wesensgemäß

11 *One Flew over the Cuckoo's Nest* (*Einer flog über das Kuckucksnest*, USA 1975, R: Milos Forman).

12 Franz Kafka: Wunsch, Indianer zu werden. In: Ders.: *Gesammelte Werke in zwölf Bänden*, Bd 1, hrsg. v. Hans-Gerd Koch. Frankfurt am Main: Fischer 1994, S. 30.

13 Auf Archivaufnahmen sind die Politiker leicht an der Anordnung der Mikrophone bei ihren Ansprachen dieser oder jener Sphäre zuordenbar: streng parallel (auch die Schwanenhalsbiegung) – Ostblock; Halbkreis, teilweise wirr wuchernd – Die Freie Welt (Westblock).

entwickeln kann. Ach, nähmen wir uns doch Pu den Bären als Paten!

Mit Bestemm: Der ehemalige Grenzstreifen war zu einem Rückzugsgebiet für hunderte auf der *Roten Liste* geführte Tier- und Pflanzenarten geworden. *Wikipedia*[14] weiß, welches Getier da vorkommt. Die Bedeutung des Grenzhaften und seine möglichen Wandlungen erscheinen mir jedenfalls als taugliche Analogie zum Blick auf die vormals strikter abgegrenzten Terrains von Kunst und Wissenschaft. Dass etliche, bunte, Vögel dort ihre Rückzugs- und Erholungsreservate finden, ohja, das taugt mir schon.

> Mein Liebchen wohnt so weit von mir,
> drum sehn' ich mich so heiß nach ihr
> hinüber.[15]

Es hat etwas Beruhigend-Befreiendes, dass es die Grenze *als solche* nicht gibt; ich beziehe mich auf das charmante Paradoxon vom *Rand des Lochs*, wo denn nun der Rand beginne und wo das Loch selbst, will selbiges aber nicht weiter erörtern (sonst stürze ich gar hinein!), sondern es für meine grenzignoranten Zwecke ausbeuten.[16]

Ein Bild noch, das mich lange schon begleitet, wenn es darum geht, die beiden nun zum gegenseitigen Gernhaben verurteilten, einander aber aus gutem Grund[17] beargwöhnenden Sphären zu charakterisieren: Die einen, die tun's – dafür wissen die anderen, wie's geht. Als künstlerisch Forschender (was immer das sein mag, ich weiß es bis heute nicht; aber sein tu ich's seit eh und je!) bist du somit zum Wunderwuzzitum verurteilt.

14 http://de.wikipedia.org/wiki/Grünes_Band_Europa (Zugriff am 29.01.2015). Bitte bei Bedarf sich dort selbst zu erkundigen.

15 Wilhelm Müller: *Der Berghirt.* 1828 vertont von Franz Schubert in *Der Hirt auf dem Felsen* (D. 965), seinem vorletzten Werk.

16 Ob für ein solches Vorgehen der Begriff *grenzgenial* zulässig sein kann: Kommt ganz darauf an.

17 Ich belege den Grund nicht. Wer in der Praxis (des Tuns, der Begriffe, je nachdem) steht, weiß, was Sache ist.

> Was die Frage nach dem *kreativen Akt* betrifft, so sei ein zentraler Aspekt […] das Entwickeln von Methoden, *mir selber* auf die Schliche zu kommen, *autovivisectio*, ganz im Sinn der Generalannahme (des Generalverdachts), dass künstlerisches Schaffen Wissen generiere, dies im akademischen (und hoffentlich darüber hinaus!) Kontext zu erschließen. […] Es gilt […], gewissermaßen im Selbstversuch neue Kenntnisse zu gewinnen und in der Folge breiter verständlich *zugänglich* zu machen. […] Dabei wird sich möglicherweise zeigen, ob die von mir erfahrene *schöpferische Kraft* ähnlich unauffindbar, unortbar ist wie das Schnurren der Katzen – vermutlich wird es so sein. Der Umstand, dass es sich um eine Selbstuntersuchung handelt, ich also im Gegensatz zu bestehenden Arbeiten über kreative Prozesse (auch solchen mit ausführlichen Interviews der Durchleuchteten und damit Kontaminierten) direkten (direktesten) Zugang zu meinen Empfindungen (den Erinnerungen an sie, dieses Kreativ-Vegetative) habe, dieser Umstand eröffnet einen neuartigen Blickpunkt, läuft doch permanent eine vielfältigst alles (nicht nur den Funkverkehr und den Treibstoffverbrauch) aufzeichnende *black box*[18] mit – in mir ist sie am allersichersten geborgen.[19]

Nun, die Behauptung, unbeschadet – und mit neuen Erkenntnissen – der *autovivisectio* entstiegen zu sein, kann nur bedeuten, dass ich sie an mir nur zum Schein vorgenommen habe. Dem Schnurren aber bin ich in dem Sinn näher auf die Spur gekommen, als ich es nach wie vor beherrsche. (Vermutlich geht es ums Zulassen.)

Nabe(l), das A und O

Solange du auf einen Abschlusstermin hinarbeitest, ist dir deine Aufgabe das Allerwichtigste auf der Welt, und du bist der Demiurg. Alle auf der Straße sehen es dir an, dass du an Wichtigstem dran bist, die Welt würde sich nicht weiter drehen ohne deine weltenbewegende Gedankenverfertigung, es handelt sich also um nichts unbedeutenderes als die Nabe der Welt, und dieser Begriff erscheint mir im Augenblick des Daraufkommens (*in-ventio*) wesentlich tauglicher als jener oft strapazierte vom *Nabel der Welt:* Sind wir nämlich einmal in der

18 Nicht zu verwechseln mit der Verwendung des Begriffs etwa in der Kybernetik.

19 Bertl Mütter: Unveröffentlichtes 2. Exposé zur Zulassung zum Studienprojekt Dr.art. Graz 2009.

Welt, brauchen wir ihn nicht mehr, den Nabel. Vorher brauchen wir ihn zum Werden selbst, zum In-die-Welt-Kommen, er ist unerlässlich, ja, ohne ihn gibt es überhaupt keine Welt, die wir ja aus uns heraus erschaffen. Spätestens aber wenn wir begrifflich zu denken in der Lage sind, ist der Nabel lediglich ein Accessoire, er taugt nur noch als Fussel-Reservat und für den mit ihm assoziierten Bruch. Ich räume ein, dass er auch entzückend aussehen kann; ich stelle mir etwa jenen von Kleopatra (in ihrer in Eselsmilch gebadeten Glanzzeit) zumindest so attraktiv vor wie ihre sprichwörtliche[20] Nase. Und da reden wir noch gar nicht von Obelix. Ich schließe diesen Exkurs mit einem ebenfalls zwei Welten verbindenden, eig. *verbandelnden* Vers von H. C. Artmann[21]; in Anlehnung an das berühmte *Naturgeschichtliche Alphabet* von Wilhelm Busch („Im **A**meishaufen wimmelt es / Der **A**ff' frisst nie Verschimmeltes" etc.) schwadroniert er beim Buchstaben O: „die **o**daliske schwingt den nabel / herr carl **o**rff die stimmesgabel".
Zu *meiner* Musik nun, die oftmals After-Musik ist. Ich gebrauche bewusst diesen veralteten Begriff, verdankt sich doch ein wesentlicher Anteil meines Musizierens existenter, ja kanonisierter Musik, die ich mit meinen Instrumenten und Sprachen abhöre, *abhorche,* und auf die ich in meiner Weise antworte: Ein analytischer und zugleich sinnlicher Vorgang. Nicht zuletzt diese Arbeitsweise (wie auch die Anmaßung, eine musikalische Existenz auf solistischem Posaunenspiel aufzubauen) hatte mich für dieses neuartige künstlerische Doktoratsstudium qualifiziert. Diese Zeit des intensiven *sog. künstlerischen Forschens* hat mir, vor allem durch persönliche Begegnungen und Gespräche (übers Erfinden, das Schwere und das Leichte, die Tumbheit, übers Staunen und Betrachten allgemein, *contemplatio)* eine wesentliche Erweiterung meines Denkens beschert,

20 Vgl. René Goscinny / Albert Uderzo: *Astérix et Cléopâtre.* Paris: Dargaud 1965.

21 H. C. Artmann: orient und akzident oder morgen und auch abendlandel ich im a b c verbandel. In: Jochen Jung (Hrsg.): *Von A bis Zett. Elf Alphabete, ausgedacht und schön in Form und Reim gebracht.* Salzburg: Residenz 1990, S. 9–11, hier S. 10.

es ist ein Denken im Tun. Schön langsam beginne ich daran zu glauben, dass ich mich, auch das in einem sehr alten Sinn, hin zum Poeten (Poietiker?) zu entwickeln in der Lage sein dürfte. Ich sage geschraubt, was allzu gerade allzu glatt, allzu aalglatt erscheinen müsste.

Anwendungsrelevanz, utilitaristisches Wort! Belästigen Sie damit bitte keinen forschenden[22] Künstler![23] Es gab zweierlei Begegnungen mit potentiellen Auftraggebern. Eine, wo sich mein Gesprächspartner zuallererst auf meine Arbeit eingelassen hat, um in der Folge gemeinsam mit mir aus dem gegebenen Potential das Bestmögliche, Beglückendste, für beide Seiten Beförderndste zu ereifern: Erstbegünstigter solle jedenfalls das präsumtive Publikum sein: Die *Schule des Staunens*[24] war geboren, gezeugt zumindest. Die untaugliche Begegnung dagegen war die mit einer eine Universität leitenden Person, die mich mit herablassendem Gehabe empfing und ein fixfertig ausgearbeitetes Konzept erwartete. – Aber es geht doch anders, die Erfindung der *Schule des Staunens* zeigt es. Nicht ein Staunen *anstatt* eines Verstehenwollens, sondern Staunen als Fragen aufwerfende Vorbedingung, auf den Wunsch hin, etwas in einer größeren Umfassendheit zu begreifen und sich so einem möglichen *Verstehen* ein kleinwenig anzunähern. Eine sich *moralisch* begreifenden *Schule des Staunens* wendet sich an neugierige Menschen, denen Staunen ein Erkenntnishalbschritt ist, etwa so, wie die von Kafkas *forschendem Hund* benannte *allerletzte Wissenschaft*, um derentwillen er (Kafka, der Hund) „niemals wirklich in die Musikwissenschaft“ eingedrungen sein will:

22 Künstler forschen immer! Sonst sind sie a) keine rechten Künstler, b) keine Forscher und c) erst recht keine Künstler.

23 Im Mitschwimmen in diesem Betrieb (auch am Rand des Flussbettes mehr oder weniger subtil getarnte Tempi gegen die Laufrichtung sind eine Art Mitschwimmen) habe ich mehr und mehr eine eigene Kaste detektieren müssen: jene der Künstlerischeforschungsbeforscher. Ihre Proponenten setzen sich, wortgewandt und im Verfassen grauer Antragsliteratur alert, in die von ihnen herbeiargumentierten Planstellen (die eigentlich für *tatsächlich* künstlerisch Forschende vorzusehen wären); man sollte forscher vorgehen gegen sie.

24 Wiener Konzerthaus, ab Saison 2014/15.

> Denn der tiefere Grund meiner wissenschaftlichen Unfähigkeit scheint mir ein Instinkt und wahrlich kein schlechter Instinkt zu sein. […] Es war der Instinkt, der mich vielleicht gerade um der Wissenschaft willen, aber einer anderen Wissenschaft als sie heute geübt wird, einer allerletzten Wissenschaft, die Freiheit höher schätzen ließ als alles andere.[25]

Was hab ich's, Freier, gut: Ich muss nicht auf die von der sich selbst bewachenden Wissenschaft immer geforderte Umfassendheit achten, sondern ich darf anreißen, Wege andeuten, manche losgehen, andere völlig ignorieren. Vielleicht gelingt mir ja mit dieser Art willkürlichen Auswählens ein Thema umfassender abzubilden, als ginge ich mit allzugroßer Komplettheitsakribie an es heran. Die Vollkommenheit ruht im Fragmentarischen. Vollkommenheit, großes Wort, ich schüttle es sogleich, teilweise, wieder ab.

Nachgestelltes, aus der Nähe

Näher ist ein Wort, das man, gerade wenn es am Anfang eines Satzes steht, doppelt deuten kann: Die Nadel bedarf des Nähers, auf dass er sie artgerecht (mit eingefädeltem Garn) betätige, um vorerst getrennte Teile (oder Ganze) fest und doch flexibel einander anzunähern. Verletzten Teddybären etwa werden in Puppenkliniken die Ohren wieder angenäht. Oder, Gott bewahre, bei einem Nabelbruch (und sonstwo in der Chirurgie, einer Handwerkskunst), da wird der Näher zum heilenden Gott, weshalb es wohl auch im (zumindest im ins Deutsche übertragenen) Kirchenlied heißt: „Näher, mein Gott, zu Dir!“[26]

> Der Gelehrte verallgemeinert, der Künstler unterscheidet.
> Jules Renard (1864–1910)

25 Franz Kafka: Forschungen eines Hundes. In: Ders.: *Gesammelte Werke in zwölf Bänden*, Bd 8, hrsg. v. Hans-Gerd Koch. Frankfurt am Main: Fischer 1994, S. 48–93, hier S. 92–93.

26 Im englischen Original *Nearer, My God, to Thee* (Text: Sarah Flower Adams, 1841); ob das die mitsamt der *Titanic* im April 1912 in die Gründe des eisigen Atlantiks abfahrende Bordkapelle auch so empfunden haben mag, kann nicht gesagt werden.

Verzeichnis der Autorinnen und Autoren

Nora Berning ist Koordinatorin des European PhDnet „Literary and Cultural Studies“ und als Wissenschaftliche Mitarbeiterin am International Graduate Centre for the Study of Culture tätig. Im Rahmen ihrer Forschung und Lehre an der Justus-Liebig-Universität Gießen beschäftigt sie sich mit der englischen und amerikanischen Literatur- und Kulturwissenschaft (insb. Narratologie, Raumtheorien, Gattungswandel) sowie mit medientheoretischen Ansätzen und Texten zur politischen Ästhetik.

Ines Birkhan, 1974 in Wien geboren, Performerin und Autorin, studierte zunächst Bildhauerei in Wien, dann Tanz/Choreographie in Amsterdam. Seit 2005 beschäftigt sie sich außerdem intensiv mit dem Verfassen von Texten. Publikationen: *Chrysalis* (Roman, Praesens 2009), *Angel Meat. Verwerfungen* (Roman, Neofelis 2012) sowie Erzählungen in Zeitschriften (u. a. *Triëdere*, *Wienzeile*, *Lichtungen*). 2014 erhielt sie den Theodor-Körner-Preis. Zurzeit arbeitet sie an ihrem dritten Roman und gibt Konzert-Lesungen. www.inesbirkhan.com

Daniela Finzi, Literatur- und Kulturwissenschaftlerin, arbeitet als Wissenschaftliche Mitarbeiterin und Kuratorin am Sigmund Freud Museum Wien sowie als externe Lehrende an der Universität Wien. Sie hat über den Niederschlag des kriegerischen Zerfalls Jugoslawiens in der deutschsprachigen Prosa promoviert. Ihre Forschungsschwerpunkte sind psychoanalytische Kultur- und Subjekttheorie, Gender Studies und Balkan Studies.

Gerald Lind, Schreib- und Wissensarbeiter, studierte in Wien und Edinburgh, promovierte in Germanistik an der Universität Wien. Lind schreibt literarische Texte, wissenschaftskritische Aufsätze und Literaturkritiken, lehrt Literaturgeschichte an der Pädagogischen Hochschule Niederösterreich und arbeitet als Wissenschaftsberater an der Karl-Franzens-Universität Graz. Zuletzt erschien die satirische Wissenschaftsde/kon/struktion *Zerstörung* (Neofelis 2013). www.gerald-lind.at

Bertl Mütters Musik, zumeist auf der Posaune dargebracht, ist Slow Food für die Ohren: Sie will entdeckt werden, wer hinfindet, wird reich belohnt. Geboren 1965 in Steyr, lebt er als freier Musiker, Komponist und Schreiber in Wien. Im Zentrum steht die Soloarbeit, oft als Musik über Musik, er spielt aber auch gern mit anderen (Orchester der Radikalen Mitte) sowie mit Dichtern. Seit 2014 lädt der promovierte Doctor artium in seine Schule des Staunens, u. a. ins Wiener Konzerthaus. www.muetter.at

Doris Pany, Leiterin des Schreibzentrums der Universität Graz, studierte Germanistik und Romanistik in Graz und Bologna und promovierte mit einer Arbeit über die Realismus-Konzepte der historischen Avantgarden.

Zwischen 1996 und 2007 in der Erwachsenenbildung und als Lehrbeauftragte am Institut für Romanistik in Graz tätig, war sie 2007 bis 2011 wissenschaftliche Mitarbeiterin am Seminar für Romanische Philologie der Universität Göttingen.

Enrique Rodrigues-Moura, Universitätsprofessor am Institut für Romanistik der Otto-Friedrich-Universität Bamberg, promovierte 2007 an der Complutense-Universität Madrid. Als Postdoc-Stipendiat der Calouste-Gulbenkian-Stiftung absolvierte er 2009 einen Forschungsaufenthalt in Lissabon. Er war als Lektor, Lehrbeauftragter, Wissenschaftlicher Mitarbeiter, Lehrkraft für besondere Aufgaben und Vertretungsprofessor an verschiedenen österreichischen und deutschen Universitäten tätig, ehe er 2012 nach Bamberg berufen wurde. Er forscht und lehrt im Bereich der romanistischen Literatur- und Kulturwissenschaft, sein Forschungsschwerpunkt liegt auf den iberoromanischen Ländern.

Roland J. Schuster ist stellvertretender Studiengangsleiter und Fachbereichsleiter Technik im Studiengang Technisches Vertriebsmanagement an der FH des bfi Wien. Lehrtätigkeit im inter- und transdisziplinären Kontext in verschiedenen Studiengängen und akademischen Lehrgängen an der FH des bfi Wien. Forschungsschwerpunkte: Organisationsentwicklung, Interventionsforschung und Gruppen- und Organisationsdynamik. Gründer eines Unternehmens zur Optimierung menschlicher Kommunikation (corefco e. U.; office@corefco.at).

Relationen. Essays zur Gegenwart

hrsg. von David Jünger / Jessica Nitsche / Sebastian Voigt

Bisher erschienen

Bd. 1: Miriam N. Reinhard:
Von der Schwelle.
Diana. Ihr eigener Tod in der Ordnung der Anderen

Bd. 2: Jonas Nesselhauf / Markus Schleich (Hrsg.):
Gegenwart in Serie.
Abgründige Millieus im aktuellen Qualitätsfernsehen

Bd. 3: Micha Brumlik:
Wann, wenn nicht jetzt?
Versuch über die Gegenwart des Judentums

Bd. 4: Gerald Lind / Doris Pany (Hrsg.):
Ambivalenzraum Universität.

In Planung

Bd. 5: Nora Weinelt:
Minimale Männlichkeit.
Figurationen und Refigurationen des Anzugs

Bd. 6: Marcus Termeer:
Menschen mit fremden Wurzeln in hybriden Stadtlandschaften.
Versuch über Identität und Urbanität im Postfordismus